理科の授業づくり
学習問題から学習課題へ

三崎 隆 著

大学教育出版

はじめに

　初めて理科の授業をすることになったとき「いったいどんなふうにやったらいいんだろうか？」と戸惑わないであろうか。初めてのことを試みようとするときには、あなたなら何を手がかりにするだろうか。自分の経験したことのあることに挑もうとする場合ならば、自分の経験を思い出すであろう。自分の経験したことのないことであれば、書物を調べたり経験したことのある人に聞いたりするのではないだろうか。

　理科の授業は小学校や中学校のときにだれもが受けたことのある経験を持つだけに、あなたはそれを振り返ってみることができる。小学生や中学生だった頃に、あなたが受けた理科の授業を思い出してほしい。どんな授業であっただろうか。実験をして楽しかった記憶だけが残っていないだろうか。筆者はほとんど忘れてしまったが、実験は不思議と記憶に残っている。確かに理科の授業での楽しみは実験であろう。しかし、それだけが楽しみでよいのだろうか。換言すれば、理科の授業は実験だけなのだろうか。

　理科の実験というのは、それ自体が目的ではなく、授業の目標を達成するための一つの手段にしか過ぎないのである。もちろん、実験そのものを目的とする場合もあるが、自然の事物・現象を対象としている教科である理科では、自然の事物・現象を科学的に見たり考えたりできる子どもたちを育てることが大切なねらいの一つでもある。理科には、自然の事物や現象を科学的に見たり考えたりしながら、その中に潜む未知なる不思議さを解き明かしていくところに魅力がある。本書ではその魅力を子どもたちに伝える理科の授業づくりについて伝えたい。

　初めて理科の授業づくりをする人は、いったいどうやって授業を構想し、実践したらよいのか分からない。何を隠そう、筆者もそうであった。教育学部の出身ではなかっただけに、初めての授業は話す内容を逐一ノートに書いて、それを一方的に伝えていただけであった。「これって、どうやればいいんだろ

う？」の連続であった。誰も教えてくれないし、理科の授業をどのように構想して実践したらよいかを示唆してくれるテキストもなかった。

　大学を卒業して一度学校現場に行ったら、そこはもうプロの世界となる。現場に立てば、新卒1年目であったとしても、同僚はもちろん、保護者、地域の人たちは、すべてあなたをプロの教師として見る。「知らない」などと言えば「大学で何を勉強してきたの？」と返されかねない。できないなどと言わないですむように、試行錯誤しながらでも理科の授業づくりを進めなければならない。本書は、初めて理科の授業づくりに臨むあなたの「理科の授業づくりってどうやったらいいんだろう？」という、そんな素朴な疑問に応えたい。

　先にも述べたが、理科の授業というと、観察、実験を思い浮かべる人が多いであろう。観察、実験を行うに当たっては、危険を未然に防止し、安全に観察、実験を行わなければならない。それは、初めてであっても経験が豊かであっても同じことである。小学校や中学校で使用する薬品はどのように使うのだろうとか、野外観察に出かける場合にはどうすればよいのだろう、あるいは実際の授業ではどうしているんだろうなどの疑問は尽きない。

　初めて理科の授業をするあなたにとって、初めての理科の授業の結果があなたにとって不本意であったとしたら、そのしわ寄せはどこにいくのだろうか。間違いなく、子どもたちである。あなたにとっては、担当する他のクラスで同じ内容の授業を改善して実践することが可能であろうし、翌年には不本意に終わった授業をリフレクションしてより良いものに改善して実践することも可能であろう。しかし、考えてみてほしい。子どもたちにとっては、あなたの構想した授業を受ける機会は、一生に一度しかない。不本意だからといって、あたかもビデオを再生するかのように、同じ内容の授業をもう一度最初からやり直すことなどできない。子どもたちにとって、あなたは理科の魅力を伝えてくれるかけがいのないプロの教師なのである。

　初めて構想し、実践する理科の授業であったとしても、子どもたちにとっては、プロの教師が自分たちのためにつくってくれた授業として楽しみに受ける一生に一度の授業なのである。子どもたちのために、ぜひ最善を尽くしてほ

しい。本書がその一助になることを願う。あなたの実践する授業の先には、子どもたちがいることを決して忘れてはならない。

2011年7月

著　者

はじめての人のための理科の授業づくり
― 学習問題から学習課題へ ―

目　次

はじめに ……………………………………………………………… i

第1章　理科の授業の展開 ……………………………………………… 1

第2章　学習問題と学習課題とは ……………………………………… 9

第3章　授業づくりで最初に行うこと ………………………………… 23
　　　第1節　理科を学ぶ目的　23
　　　第2節　小学校の授業づくりをするときの留意点　26
　　　第3節　中学校の授業づくりをするときの留意点　30

第4章　指導計画をつくる ……………………………………………… 36
　　　第1節　はじめに行うこと　36
　　　第2節　年間指導計画のつくり方　41
　　　　（1）1年間の授業数　41
　　　　（2）小学校の年間指導計画をつくる　44
　　　　（3）中学校の年間指導計画をつくる　56
　　　第3節　単元の指導計画のつくり方　67
　　　　（1）最初に目標をつくる　67
　　　　（2）目標に照らして評価規準をつくる　69
　　　　（3）どのような方針で指導したいのかを決める　70
　　　　（4）児童・生徒の実態を記述する　72
　　　　（5）具体的な手立てを考える　74
　　　　（6）単元全体の展開計画をつくる　76

第5章　授業の構想のしかた …………………………………………… 80
　　　第1節　本時の授業の構想のしかた　80
　　　　（1）本時（授業）の主眼（目標・ねらい）を決める　80
　　　　（2）本時（授業）の主眼に対応する評価規準を決める　82

　　　　（3）学習課題（疑問を解決しなければならないものとして、児童・
　　　　　　生徒が自らに課した問題）を決める　*83*
　　　　（4）学習問題（問題意識として表出する疑問）を決める　*86*
　　　　（5）最後に、事象提示の方法を決める　*92*
　　第2節　本時の授業の学習指導案（略案）を見る観点　*97*
　　第3節　授業を参観する観点　*98*

第6章　小学校の授業での学習問題と学習課題 …………………… *101*
　　第1節　学部の講義で行われた学生による模擬授業から　*101*
　　第2節　附属小学校で公開された理科を専門とする教諭による授業から
　　　　　　　　　　　　　　　　　　　　　　　　　　　　　110

第7章　中学校の授業での学習問題と学習課題 …………………… *115*
　　第1節　学部の講義で行われた学生による模擬授業から　*115*
　　第2節　附属中学校で公開された教育実習生による授業から　*122*

第8章　事故防止・安全教育・薬品管理のしかた ………………… *132*
　　第1節　事故の未然防止に向けてすること　*132*
　　　　（1）授業の目標をはっきりさせておく　*134*
　　　　（2）児童・生徒の観察、実験の習熟の様子を把握する　*134*
　　　　（3）連絡・報告体制を確認しておく　*134*
　　　　（4）必ず自分で予備実験を行い、余裕を持ってする　*135*
　　　　（5）観察、実験器具を日頃から点検しておく　*137*
　　　　（6）整理整頓し、消火用のバケツ等を用意しておく　*137*
　　　　（7）児童・生徒に観察や実験のときの服装等を指導する　*138*
　　　　（8）児童・生徒に基本操作や正しい使い方を指導する　*139*
　　　　（9）野外観察を実施する場合、下見をして、事前指導を行う
　　　　　　　　　　　　　　　　　　　　　　　　　　　　　140
　　第2節　薬品の管理　*146*

　　　　　（1）薬品台帳（薬品の使用記録簿）　*147*

　　　　　（2）薬品庫　*149*

　　　　　（3）薬品の取扱い　*151*

　　　　　（4）薬品の購入　*153*

　　第3節　薬品の種類　*153*

　　第4節　薬品の薄め方　*156*

　　　　　（1）ヨウ素液　*156*

　　　　　（2）石灰水　*157*

　　　　　（3）塩酸　*159*

　　　　　（4）過酸化水素水　*161*

　　　　　（5）水酸化ナトリウム　*161*

　　第5節　薬品の取扱い　*162*

　　　　　（1）薬品を取り扱うときには　*162*

　　　　　（2）事故が起きたときには　*164*

　　第6節　薬品の処分方法　*165*

　　第7節　子どもたちへの安全指導　*167*

　　　　　（1）理科室探検　*168*

　　　　　（2）危険図（Hazards Drawing）　*170*

　　　　　（3）最初の理科の授業に　*171*

文　献 …………………………………………………………………… *173*

はじめての人のための理科の授業づくり
― 学習問題から学習課題へ ―

第1章

理科の授業の展開

　小学校や中学校の理科の授業というのは、いったい、どのように構想したらよいのであろうか。初めて理科の授業をしようとしているあなたは、どのように考えているであろうか。

　理科の授業と聞くと、授業に観察、実験が行われることから、観察、実験を子どもたちにさせればよいのではないかと考える人が多いのではないだろうか。

　実際に、中学生の中には、理科の授業は難しいから嫌いだけど実験は好きと答える生徒も、各学年とも4分の1ほどの人数が存在する（額賀・貫井 1997）。実験は好きと答える生徒に限れば、その総数はおよそ8割にも達する（額賀・貫井 1997）。これは、中学生に対する調査結果であるが、このような子どもたちの実態を踏まえると、実際に先生になって理科の授業を構想するときには、授業展開の中に観察、実験を組み入れるように授業を構想することが大切であると考える人が多いのではないだろうか。

　はたして、そうなのであろうか。

　まずは、図1-1を見てほしい。図1-1は、教育実習をすべて終えて、小学校教諭1種免許状及び中学校教諭1種免許状（理科）を取得する見込みの本学部理科教育分野所属の4年次学生が、卒業年度の3月に実施される臨床的理科指導力認定試験のために作成した学習指導案（略案）を示している（臨床的理科指導力認定試験は、20分の模擬授業の実践が課せられる実技試験なので、

時間配分が全体で 20 分となっている)。中学校第 1 学年の小単元「水溶液の性質」の第 4 時である。

あなたも、教育学部ないしは教育系大学を卒業するとき、あるいは新採用として小学校ないしは中学校に着任して初めて理科の授業を構想し、実践するときには、このような学習指導案(略案)をつくることができるようになる。

ここでいう学習指導案というのは、授業を構想し、実践するに当たって授業者が事前に作成する授業の企画書である。基本的に、次の情報を記載するものである。本時というのは、授業を実践するあるいは授業を公開する単位時間を言い表す表現であり、単元の中の何単位時間目に位置づけられているのかについては、単元の指導計画中に示される。長野県の場合、本時の指導の項目の中に「本時の位置」として明記している。

1 単元名
  ※理科の場合、指導内容の大きなまとまりを単元と言い表す場合が多く、通常、15～25 単位時間のまとまりとなる。その大きなまとまりがいくつかの内容のまとまり(4～5 単位時間でひとまとまり)で構成されている場合、その 1 つの小さなまとまりを小単元と表現する場合がある。
2 単元の目標(ねらい)
3 評価規準
4 単元観(指導観)
5 児童(生徒)の実態
6 指導の具体的な手立て
7 単元の展開計画
8 本時の指導
(1) 本時の目標(ねらい)
(2) 本時の展開
  一般的に、学習の大きな道筋が分かるような段階(事象提示、課題把握、追究、まとめ等)、児童・生徒の学習活動の内容(どのような学習内容であるのかを記述する)、予想される児童の反応(あるいは予想される生徒の反応)、その反応に対する教師の指導と評価(本時の評価規準は枠に囲う等して明確に記述する)、時間配分、そして教材等を記入する備考欄で構成される。
(3) 本時の評価(※本時の展開中に記載される場合が多い)
  ※長野県は次のように示している(長野県教育委員会 2010a, 66-68; 2010b, 68-71)。

(1) 本時の位置
　　本時が単元の第何時間目の扱いになるのかを明らかにし、児童・生徒の探究活動の位置を示す。
(2) 主眼
　　本時で到達すべきねらいと、ねらいを達成する方法を端的に述べる。
(3) 指導上の留意点
　　本時の活動場面を構成する上で必要な配慮点を示す。
(4) 本時の展開

　ここで示されている略案というのは、その学習指導案について「8　本時の指導」の部分のみを簡略化して記載したものをいう。

単元「身のまわりの物質　第2章：水溶液の性質」　全6時間中第4時間目

前時：40℃の湯に食塩や硝酸カリウムを溶かす実験から、温度を上げると溶ける量も増えることに気付いている。

次時：硝酸カリウム水溶液の温度が下がると、硝酸カリウムが再び結晶になることを「溶解度」という言葉を用いて説明できるようになる。

(1) 主眼
　40℃の湯に溶けた溶質が再び結晶になる理由を考える場面で、溶液の温度の変化に着目し、40℃の溶液を冷やし、溶液に溶けた溶質の変化を観察することを通して、一度溶けた溶質は、溶液の温度を下げることでもう一度結晶として取り出せることを説明できる。

(2) 指導上の留意点
　・ガラス器具や温度計を扱う際には、破損に注意し、使い方等を指導する。

(3) 展開

段階	学習活動	予想される生徒の反応	◇教師の指導・援助　評価	時間	備考
事象と出合い　課題を把握して	1　溶質を取り出す方法について考える。	ア　前回の溶液をそのまま放置しただけだから溶けたままなんじゃないかな。 イ　一度溶けた溶質が、今回はまた結晶になっているな。 ウ　時間が経つと、一度溶けた溶質が再び結晶に戻るのはなぜだろう。 エ　前回は40℃の湯に溶かしたけれど、今回は温度が下がっているだろうから、温度が下がると溶質は結晶になるのかな。	◇前時に40℃の湯に硝酸カリウムを飽和するまで溶かした食塩水が現在どのような様子になっているのか問うた上で、硝酸カリウムが再び結晶になっている事象を提示する。 ◇溶質が再び結晶になる理由を問い、学習問題を設定する。	6分	ビーカー 硝酸カリウム水溶液
	学習問題：一度溶けた溶質は再び結晶になるのはなぜだろうか。				
		オ　溶液の温度が下がると、溶けていたものが再び結晶にな	◇予想とその理由を考えるように促す。	4分	

追究して	2 冷却後の溶質の変化を調べる。	カ 温度は関係なく、時間が過ぎると再び結晶になるんじゃないかなあ。 キ 前回と同じ40℃の溶液を、冷やしたりして確かめてみたい。	◇予想の発表を促し、硝酸カリウム水溶液の温度の低下によって溶質は結晶になるという予想を取りあげ、その予想の根拠を問う。 ◇どのような実験を行えばよいかを問い、実験方法を考える場を設定する。 ◇キのような意見を基に、学習課題を設定する。		ワークシート
		学習課題：40℃の硝酸カリウム水溶液を冷やし、硝酸カリウムが再び結晶になるか調べよう。			
		ク 40℃の溶液を、氷水（5℃前後）につけて溶質が変化するか見てみよう。 ケ 氷水につけた溶液の水温は下がっていって溶質が出てきた。すぐに結晶ができたな。 コ どのくらいの温度で、硝酸カリウムが出てくるのかな。 サ 水温が変わらないと、溶質が再び出てくることはなさそうだな。	◇実験方法を確認し、実験を行うように促す。その際、温度以外の条件をすべてそろえるように伝える。 ◇机間指導の注意点 ・溶液の量など、温度以外の条件をそろえて実験しているか。 ・水温の変化とともに、溶質が析出する様子を観察しているか。	5分	試験管 ビーカー 硝酸カリウム水溶液 氷水 ワークシート 温度計
まとめる	3 実験結果をもとに考察する。	シ 一度溶けた溶質は、溶液の温度を下げると再び結晶になって浮かんできた。 ス 同じ量の溶媒でも、温度が変化することによって溶けることができる溶質の量が変化するんだな。	◇結果を全体で確認し、その後、各自で考察をするように促す。 一度溶けた溶質は、溶液の温度を下げることで再び析出させられることを、実験結果を基に温度にも着目しながらまとめている。（ワークシート） ◇溶液の温度を下げることで溶質を再び析出させられることを、実験結果を基に温度にも着目しながらまとめられていない生徒には、何度で再び結晶が出てきたかを確認する。	4分	
	4 本時の学習を振り返る。	セ どうして飽和した硝酸カリウム水溶液を冷やすと溶けていた溶質が再び結晶になるのだろう。	◇本時の追究を振り返り、自分の見方や考え方の変容についてまとめている生徒の振り返りを紹介する。	1分	ワークシート

図1-1 中学校第1学年小単元「水溶液の性質」の第4時の学習指導案（略案）
（2011年3月17〜18日実施の臨床的理科指導力認定試験資料から）

それでは、もう一度、図1-1の「(3) 展開」のところを見てほしい。あなたなら、まず、どのようなところに注目するだろうか。

　展開の中で、枠囲みになっているところが3カ所あるが、お分かりだろうか。1つは学習問題、1つは学習課題、そしてもう1つが評価規準である。この3つが本書のキーワードとなる。理科の授業を構想し、実践する上では、冒頭で話題となった観察、実験を授業に組み入れることよりもこの3つのキーワードとなる学習問題、学習課題、評価規準を考えることの方がより重要となるのである。詳細は後ほど述べることにするが、理科の授業1単位時間ないしは数単位時間を構想する際には、その展開の中に学習問題、学習課題、評価規準がよりよく設定されていることが求められる。

　それでは、授業はどのような流れで展開しているだろうか。

　一番左に段階という欄があって、そこには「事象と出合い」「課題を把握して」「追究して」「まとめる」と記述されている。また、教師の指導・援助の欄を追っていくと、次のような文言が記載されている。

　　事象と出合いの段階
　　　「……硝酸カリウムが再び結晶になっている事象を提示する」
　　課題を把握しての段階
　　　「溶質が再び結晶になる理由を問い、学習問題を設定する」
　　　学習問題：一度溶けた溶質は再び結晶になるのはなぜだろうか。
　　　「予想とその理由を考えるように促す」
　　　「……その予想の根拠を問う」
　　　「どのような実験を行えばよいかを問い、実験方法を考える場を設定する」
　　　「キのような意見を基に、学習課題を設定する」
　　　学習課題：40℃の硝酸カリウム水溶液を冷やし、硝酸カリウム
　　　　　　　　が再び結晶になるか調べよう。
　　追究しての段階
　　　「実験方法を確認し、実験を行うように促す」

「結果を全体で確認し、その後、各自で考察するように促す」
まとめるの段階

> 評価規準：一度溶けた溶質は、溶液の温度を下げることで再び析出させられることを、実験結果を基に温度にも着目しながらまとめている。

「本時の追究を振り返り、……」

1 事象を提示する
2 提示した事象に関する疑問を持たせる（その後、学習問題が示される）
3 予想させる
4 予想の理由を問う
5 どのような観察、実験を行うことによって、予想を確かめることができるのかを考えさせる（その後、学習課題が示される）
6 観察、実験する
7 結果を確認し、考察する（評価規準を基に、学習問題が解決されたかどうかを評価する）
8 本時を振り返る

図1-2 学習指導案（略案）から読み取れる理科の授業の展開

つまり、理科の授業は図1-2のような展開として構想されているといえる。

長野県教育委員会（2010a, 49-51; 2010b, 52-54）は、児童・生徒が主体的に追究する活動の順序性を、段階として図1-3のように示している。

1 事象の観察
　児童が問題を含む場面に直面する段階（長野県教育委員会 2010a, 49-51）
　生徒が問題を含む場面に直面する段階（長野県教育委員会 2010b, 52-54）
2 問題設定
　学習の中核となる問題を設定する段階（長野県教育委員会 2010a, 49-51）
　事象に対する気づきを基に疑問を出し合い、その疑問を基に学習の中核となる問題を設定する段階（長野県教育委員会 2010b, 52-54）
3 課題把握
　学習問題に対する予想をして、解決に向けての見通しを持つ段階（長野県教育委員会 2010a, 49-51）
　学習問題に対して、事象の状況を明確にし、問題の所在や性格を明らかにした上で、既有の知識や経験を総動員して予想し、解決に向けての見通しを持つ段階（長野県教育委員会 2010b, 52-54）

```
4 計画
   学習課題に合った観察、実験の計画を立てる段階（長野県教育委員会 2010a, 49-51）
   学習課題に対して、それに合った観察、実験の計画を立てる段階（長野県教育委員会 2010b, 52-54）
5 観察、実験、整理
   計画に基づいて観察、実験を行い、実験結果を整理する段階（長野県教育委員会 2010a, 49-51）
   計画に基づいて、観察・実験を行い、結果を整理する段階（長野県教育委員会 2010b, 52-54）
6 考察・発展
   整理した観察実験の結果に基づいて考察して、結論を導き出し、新たに獲得した概念を他に適用したり拡張したりする段階（長野県教育委員会 2010a, 49-51）
   観察・実験の結果に基づいて考察して結論を導き出し、新たに獲得した概念を他に適用したり拡張したり統一したりする段階（長野県教育委員会 2010b, 52-54）
7 振り返り
   問題解決の過程を振り返る段階（長野県教育委員会 2010a, 49-51）
   一連の問題解決の過程を振り返る段階（長野県教育委員会 2010b, 52-54）
```

図1-3　児童・生徒が主体的に追究する活動の順序性の段階
（長野県教育委員会 2010a; 2010b）

　一般に、理科の授業は、自然事象を対象とした問題解決といっても過言ではない。問題解決とは、児童・生徒が自ら自然に働きかけ、自然から学び、自然について考える活動であるといえる。理科授業の基礎・基本は、この問題解決を成立させ、基礎的・基本的な内容の定着を図ることにある（村山 2005）。したがって、村山（2005）によると、次のような展開として構想される。

（1）問題の把握
　　① 問題意識を持たせ、学習意欲を高めさせる。
　　　提示された学習課題に対して疑問が生じるように指導を工夫し、動機づけを行う。
　　② 学習課題を設定する。
　　　話し合いや教師との協議、補足資料の使用などにより、問題を焦点化する。
　　③ 予想、仮説を設定する。
　　　問題の本質に迫る予想、仮説を生み出す。
（2）問題解決の構想
　　① 学習の目的と内容を明確にする。
　　　問題を整理し、何が求める問題であるかを明確にする。

② 検証計画を立てる。
　　　　予想や仮説を確かめるための観察や実験の計画を立てる。
　(3) 問題の追究
　　① 検証実験の準備、方法、手順を確認する。
　　　　検証実験器具、材料の準備、記録の準備、手順を確認する。
　　② 検証実験をする。
　　　　子どもが計画した方法に従い、観察や実験を行い、検証する。
　(4) 問題の解決
　　① 情報を処理する。
　　　　結果の収集と処理、図表、グラフ化、結果を観点別にまとめる。
　　② 実験結果を整理したり、結果を解釈したりする。
　　　　どんなことが解決したのか、どんなことが分かったのかを明らかにする。
　(5) 問題の一般化と発展
　　① 問題の一般化を図る。
　　　　検証結果の発表、協議を通して問題の一般化と、新たな問題の発見を促す。

　自然の事物・現象を対象としている教科である理科では、自然の事物・現象を科学的に見たり考えたりできる子どもたちを育てることが大切なねらいとなる。したがって、理科の授業の中には、自然の事物・現象の中に潜む未知なる不思議さを、科学的に見たり考えたりしながら、解き明かしていく流れがあるのである。理科の授業づくりの魅力もそこにある。

第2章

学習問題と学習課題とは

　学習問題と学習課題というのは、聞き慣れない言葉であるが、いったい何であろうか。

　児童・生徒が、問題解決をする学習活動を主軸とした学習過程を取る場合に使われる問題という表現は、各個人の意識に現れる矛盾を指す（栗田1978, 18-20）。素朴概念とのずれ、未経験であったり説明できなかったりする自然の事物・現象（自然事象とも表現される。事物・現象が事象と表現されることによる）等が各個人の中で問題意識を引き起こす。理科の授業においては、そのような問題意識を喚起させ、それらを解決するための仮説を立てさせて、方策を練り上げて探究させ、その結果から分析させて結論を導き出す一連の探究を促すのである。

　実際の理科の授業においては、自然の事物・現象に対する自ら有する素朴概念とのずれによる疑問、経験したことのない自然の事物・現象との出合いによる疑問、自らの素朴概念等では説明しきれない自然の事物・現象との出合いによる疑問等が、各個人の中における問題意識となって表出するのである。

　したがって、初めて出合う未知な自然の事物・現象や、自ら有している素朴概念に対する矛盾を生じさせる自然の事物・現象等に対して、探究して解決したいというように問題意識として表出する疑問が学習問題として設定されるのである。長野県教育委員会（2010a, 49-51; 2010b, 52-54）によると、問題設定の段階に位置づけられている。

それに対して、学習課題というのは、長野県教育委員会（2010a, 50; 2010b, 53）によると、問題意識として疑問を有した以降の単位時間の授業において、児童・生徒の主体的追究に耐え得る切実さと指導のねらいに対する方向性、質的な価値を持つものであり、「○○について調べれば、学習問題を解決できる。自分の予想では□□という結果になるはずだ」のように、仮説を持つことができた姿を「課題把握をした」状態であると指摘している。この場合における「○○について調べよう」の部分が学習課題となる（長野県教育委員会 2010a, 50; 2010b, 53）。

つまり、学習課題とは、児童・生徒が、自然の事物・現象に対して抱いた疑問を解決しなければならないものとして、自らに課した問題である。学習課題は、何を使ってどれだけ、どのようにして探究することによって、仮説を検証し学習問題を解決できるのかを明確にして、その遂行と解決を自らに課した問題であると換言できる。長野県教育委員会（2010a, 49-51; 2010b, 52-54）によると、課題把握の段階に位置づけられている。

この学習問題と学習課題を、前述の学習過程の中に位置づけるとすると、図2-1のようになる。

```
1  事象を提示する
2  提示した事象に関する疑問を持たせる
     学習問題 の設定
3  予想させる
4  予想の理由を問う
5  どのような観察、実験を行うことによって、予想を確かめることができるのかを考え
   させる
     学習課題 の設定
6  観察、実験する
7  結果を確認し、考察する（評価規準を基に、学習問題が解決されたかどうかを評価する）
8  本時を振り返る
```

図2-1　学習過程の中に位置づけた学習問題と学習課題

長野県教育委員会（2010a, 49-51; 2010b, 52-54）の示している児童・生徒が主体的に追究する活動の順序性の段階に当てはめると図2-2のようになる。

```
1  事象の観察
2  問題設定
     学習問題 の設定
3  課題把握
     学習課題 の設定
4  計画
5  観察、実験、整理
6  考察・発展
7  振り返り
```

図2-2　児童・生徒が主体的に追究する活動の順序性の段階の中に位置づけた学習問題と学習課題

このように、自然の事物・現象に対して抱いた疑問等から表出した問題意識を基にして学習問題をつかみ、素朴概念や既有の経験を活用して解決の方向を見通して、学習問題に対して解決の道筋を方向づけて自らに課したものが学習課題となるのである（長野県教育委員会 2010b, 51）。

それでは、実際の理科の授業ではどのように設定されているのであろうか。実際に設定されている具体的な学習問題と学習課題の事例を、いくつか見てみたい。

小学校の場合、次のように設定される。

① 第4学年単元「天気によって1日の気温はどのように変わるの？」（全5単位時間）（長野県教育委員会 2010a, 90-100）
　(1) 本時（第1・2時）の主眼
　　　くもりや雨の日に、1日の気温がどのように変わるか考える場面で、観測条件に着目しながら百葉箱を使って気温を測定し、測定結果をグラフ化し、変わり方を比較することを通して、くもりや雨の日の1日の気温

の変化は、折れ線グラフに表すとなだらかなグラフになることが分かる。
　(2) 学習問題
　　　くもりや雨の日に、1日の気温はどのように変わるのだろうか？
　(3) 学習課題
　　　雨や曇りの日の1日の気温を、百葉箱の記録温度計で調べ、折れ線グラフに表して、どのように変わるか予想と比べよう。

② 第5学年単元「絶滅危惧種メダカをふやそう」（全12単位時間）（長野県教育委員会 2010a, 102-113）
　(1) 本時（第12時）の主眼
　　　自然の中で生きているメダカは水の中の小さな生き物を食べているのか確かめる場面で、（小さな生き物を与えたときのメダカの動きに着目し、）水槽のメダカは与えられた水の中の小さな生き物を食べるかどうか調べることを通して、自然界のメダカもさまざまな水の中の小さな生き物を食べて生きていることを推論することができる。
　(2) 学習問題
　　　自然の中で生きているメダカは水の中の小さな生き物を食べるのだろうか？
　(3) 学習課題
　　　メダカに水の中の小さな生き物を与えて食べるか観察しよう。

③ 第6学年単元「電気をつくって、ためて、使おう！」（全10単位時間）（長野県教育委員会 2010a, 114-127）
　(1) 本時（第3時）の主眼
　　　手回し発電機のハンドルの回し方と電流の関係を調べる場面で、ハンドルを回す速さや回数に着目し、つくりだされた電流の強さを簡易検流計を使って調べることを通して、自分の手でモーターを回してつくりだした電気の強さを推測し、回す早さと電流の強さの関係を見いだす。

(2) 学習問題

　　　手回し発電機のハンドルの回し方と電流には関係があるのだろうか？

　(3) 学習課題

　　　ハンドルの回す早さや回数と、電流の強さの関係を調べよう。

④　第3学年単元「見つけよう！身のまわりの生き物」（全12単位時間）（長野県教育委員会 2010a, 138-147）

　(1) 本時（第7時）の主眼

　　　ダンゴムシが枯れ葉のある暗いじめじめした場所にいるわけを考える場面で、タッパーに入れた葉の形の変化を調べたり入れておいたダンゴムシの様子を確かめたりすることを通して、ダンゴムシは落ち葉をエサとしていることや自分にあった場所で生活していることを見いだす。

　(2) 学習問題

　　　ダンゴムシが枯れ葉のある暗いじめじめしたところにいるのはなぜだろう？

　(3) 学習課題

　　　ダンゴムシと落ち葉を容器に入れ、本当に枯れ葉を食べているのか確かめよう。

⑤　第4学年単元「不思議！金属、水、空気と温度の世界」（全21単位時間）（長野県教育委員会 2010a, 148-164）

　(1) 本時（第20時）の主眼

　　　霜柱はどのようにしてできるのか考える場面で、地表の温度に着目して、霜柱ができる様子を観察することを通して、霜柱のでき方について、「粒子モデル」を使って、「0℃になって、水が氷になって体積が増える現象」と関係づけることができる。

　(2) 学習問題

　　　霜柱はどのようにしてできるのか？

(3) 学習課題

　　水そう内の地表温度を0℃以下にして、霜柱をつくり、でき方を説明しよう。

⑥　第6学年単元「きまりでできるの？さおばかり」（全16単位時間）（長野県教育委員会2010a, 197-207）
　(1) 本時（第15時）の主眼

　　竿ばかりは、てこの規則性をもとに重さを量る道具なのかを確かめる場面で、（竿ばかりと電子天秤に着目し、）作製した竿ばかりで実際に物を載せて量り、電子天秤で量った値と比べることを通して、生活の中で使われていた竿ばかりの仕組みに気付き、てこの規則性についての理解を深める。

　(2) 学習問題

　　てこのきまりを使って作ったさおばかりで本当に正確な重さが量れるのだろうか？

　(3) 学習課題

　　てこのきまりをもとに目もりをふったさおばかりで量った重さと、電子天びんで量った重さと比べ、さおばかりにてこのきまりが使われているといえるかどうか調べよう。

一方、中学校の場合、学習問題と学習課題は次のように設定される。

①　第2学年小単元「電流」（全17単位時間）（長野県教育委員会2010b, 90-98）
　(1) 本時（第13時）の主眼

　　同量の水を入れた大小2つの電気ポットの沸騰時間が異なる理由を考える場面で、電気ポットのワット数と流れる電流との関係に着目し、ワット数の異なる電熱線を同量の水に入れ、同じ電圧を加えて同じ時間電流を流したときの水の温度変化を比べることを通して、ワット数の大きな電熱線の方が、水の温度上昇が大きく、発熱量が大きいことを見い

だす。
  (2) 学習問題
    なぜ小さな電気ポットの方が早く沸騰したのだろう？
  (3) 学習課題
    同量の水にワット数の異なる電熱線を入れ、同じ電圧を加えて電流の強さを調べ、水の温度変化を比べよう。

② 第3学年小単元「水溶液とイオン」（全11単位時間）（長野県教育委員会 2010b, 110-120)
  (1) 本時（第6時）の主眼
    塩化銅水溶液に電流が流れる仕組みを明らかにする場面で、銅イオンと塩化物イオンの電子の受け渡しに着目し、陰極での銅の析出と陽極からの塩素の発生を基にイオンの動きや電子の受け渡しをモデル図で考えることを通して、イオンの移動による電極での電子の授受により電流が流れることを見いだす。
  (2) 学習問題
    塩化銅水溶液には、どんな仕組みで電流が流れるのだろうか？
  (3) 学習課題
    電圧をかけたときの水溶液内の変化を、イオンのモデルで考えよう。

③ 第1学年小単元「種子をつくらない植物」（全7単位時間）（長野県教育委員会 2010b, 125-133)
  (1) 本時（第1・2時）の主眼
    ワラビがどのような体のつくりをしているか考える場面で、ワラビの地下にある部分や、茎、根に着目し、ワラビの茎のつながり方やつくり、根のつくりを実際に掘りだして観察することを通して、地上部に葉があり、地下に地下茎と根があることを見いだす。
  (2) 学習問題
    ワラビの茎は、どうなっているのだろうか？

(3) 学習課題

　　ワラビを掘り出して、茎や根はどのような形で地下に広がっているのか調べよう。

④　第1学年小単元「地層から読みとる大地の変化」（全9単位時間）（長野県教育委員会 2010b, 134-145）

(1) 本時（第8時）の主眼

　　地層の立体モデルのかくれている地層はどのように重なっているのか調べる場面で、ボーリングによる柱状図の層の重なり方に着目し、根拠をもってボーリング操作を行い、露頭の様子とボーリングの結果を基に地層の広がりやつながりを考えることを通して、見えなかったモデルの中には傾いた地層があったことを見いだす。

(2) 学習問題

　　このモデルのかくれている地層は、どのように重なっているのだろうか？

(3) 学習課題

　　ストローでボーリングしてきた柱状図を基に中の様子を考えよう。

⑤　第2学年小単元「動物の体の働き」（全8単位時間）（長野県教育委員会 2010b, 147-155）

(1) 本時（第2時）の主眼

　　消化管のつくりについて調べる場面で、吸収効率をよくする仕組みに着目し、胃と小腸、大腸の内側の表面を観察し、表面積を広くするつくりがあるのか比較することを通して、小腸には養分を効率よく吸収するための柔毛があることを見いだす。

(2) 学習問題

　　ブタの消化管のつくりはどうなっているか？

(3) 学習課題

　　小腸の内面に表面積が大きくなるつくりがあるのか双眼実体顕微鏡

で観察してみよう。

⑥　第2学年小単元「日本の天気の特徴」(全4単位時間)(長野県教育委員会 2010b, 157-163)
　(1)　本時(第2時)の主眼
　　　　夏が蒸し暑くなる原因について考える場面で、気圧配置に着目し、夏季の天気図や雲画像を個々やグループで分析し、右回りの気流や晴天域から高気圧の位置を見いだすことを通して、夏の天気の特徴は太平洋高気圧の影響を受けることが分かる。
　(2)　学習問題
　　　　夏がとても暑くなる原因は何か？

　(3)　学習課題
　　　　天気図を分析して暑さをもたらす原因となる高気圧を見つけてみよう。

⑦　第3学年小単元「太陽系と恒星」(全7単位時間)(長野県教育委員会 2010b, 171-178)
　(1)　本時(第4時)の主眼
　　　　月の日周運動について学習した生徒が、月の満ち欠けや毎日見える方位の変化に疑問をもち(月が満ち欠けして見えるのは、月が実際にはどのように運動しているのか考える場面で)、観測した月が、太陽、地球とどのような位置関係にあったかを(観測した月が太陽、地球とどのような位置関係にあったかに着目し、)地球を俯瞰するモデルを用いて調べることを通して、月の形と見える位置を月の公転と関連づけて説明する。
　(2)　学習問題
　　　　月が満ち欠けして見えるのは、どのように運動しているからだろうか？

(3) 学習課題

　　月と地球と太陽のモデルを使って、観察結果と同じ位置に同じ形の月が見えるか調べてみよう。

　これらの事例では、先に述べたとおり、本時の指導を記載する際に、本時で到達すべきねらいと、ねらいを達成する方法を端的に述べたものを主眼と表現している（長野県教育委員会 2010a, 66; 2010b, 68）。
　その主眼は、「○○の場面で」「□□に着目し」「△△を通して」そして「××が説明できる」の4つの要素から構成されている。図2-3は、それぞれの主眼の構成要素とその意味する内容、及び本時の展開において対応するものを表している。

構成要素	要素の内容	本時の展開で対応するもの
○○の場面で	本時の学習問題を表す	学習問題
□□に着目し	学習問題から学習課題へと練り上げるときの着目点を示す	
△△を通して	比較、関係づけ、条件制御、推論、分析・解釈等、どのように科学的に探究していくことによって本時の学習問題を解決することができるのかを具体的な活動として示す	学習課題
××が説明できる	本時の到達すべき目標（ねらい）を表す	評価規準

図2-3　主眼の構成要素とその内容と本時の展開における対応
（長野県教育委員会 2010a, 66; 2010b, 68 から一部引用）

　たとえば、前述の小学校第4学年の単元「天気によって1日の気温はどのように変わるの？」（全5単位時間）の第1・2時の主眼、学習問題、学習課題を例にして考えてみよう（図2-4）。
　主眼は「くもりや雨の日に、1日の気温がどのように変わるか考える場面で、観測条件に着目しながら百葉箱を使って気温を測定し、測定結果をグラフ化し、変わり方を比較することを通して、くもりや雨の日の1日の気温の変化

> (1) 本時（第1・2時）の主眼
>   くもりや雨の日に、1日の気温がどのように変わるか考える場面で、観測条件に着目しながら百葉箱を使って気温を測定し、測定結果をグラフ化し、変わり方を比較することを通して、くもりや雨の日の1日の気温の変化は、折れ線グラフに表すとなだらかなグラフになることが分かる。
>
> （「学習問題」は「くもりや雨の日に、1日の気温がどのように変わるか考える場面」部分を指す／「学習課題」は「百葉箱を使って気温を測定し、測定結果をグラフ化し、変わり方を比較する」部分を指す／「本時の目標（ねらい）（＝評価規準）」は「くもりや雨の日の1日の気温の変化は、折れ線グラフに表すとなだらかなグラフになることが分かる」部分を指す）
>
> (2) 学習問題
>   くもりや雨の日に、1日の気温はどのように変わるのだろうか？
> (3) 学習課題
>   雨や曇りの日の1日の気温を、百葉箱の記録温度計で調べ、折れ線グラフに表して、どのように変わるか予想と比べよう。

図2-4 小学校第4学年の単元「天気によって1日の気温はどのように変わるの？」（全5単位時間）の第1・2時の主眼、学習問題、学習課題
（長野県教育委員会 2010a, 90-100 からの引用に加筆）

は、折れ線グラフに表すとなだらかなグラフになることが分かる」であるが、この中の、活動場面は「くもりや雨の日に、1日の気温がどのように変わるか考える場面」である。

ここでは、児童に対して、くもりや雨の日に、1日の気温がどのように変わるかどうかを考えさせるのであるから、児童にはくもりや雨の日に、1日の気温はどのように変わるのだろうかと投げかけて考えさせることになる。児童にとっては、くもりや雨の日の1日の気温がどのように変化するのかについて疑問を持つことになる。したがって、「くもりや雨の日に、1日の気温はどのように変わるのだろうか？」と働きかけることによって、児童が共有できる疑問が生まれる。これが学習問題である。

一方、主眼において、児童が具体的に探究する活動として表現されているのは「百葉箱を使って気温を測定し、測定結果をグラフ化し、変わり方を比較することを通して」である。

ここでは、児童が実際に百葉箱を使って1日の気温を定時測定する活動を行う。そして、1日の気温を定時測定した結果をグラフに表して分析し、その分

析結果から1日の気温の変化についての規則性を考察し、結論づけることになる。「くもりや雨の日に、1日の気温はどのように変わるのだろうか？」という学習問題に対して、具体的に百葉箱を使って、定時観測して記録を取ってグラフ化し、定時の気温の結果を比較したり雨の日とくもりの日の気温の変化同士を比較したりしながら解決を図ることを児童が自らに課すことができる。そこで、「雨や曇りの日の1日の気温を、百葉箱の記録温度計で調べ、折れ線グラフに表して、どのように変わるか予想と比べよう」とすることによって、児童が共有できる課題ができあがる。これが学習課題である。

　本時の目標（ねらい）の部分は「くもりや雨の日の1日の気温の変化は、折れ線グラフに表すとなだらかなグラフになることが分かる」に相当する。本時の学習課題が全員に把握され、その遂行を通して学習問題が解決されることによって、到達すべき本時の目標（ねらい）が示されている。この本時の目標（ねらい）が達成されたかどうかを授業の最後に評価することになるが、そのときの規準となるものが評価規準である。評価規準は本時の目標（ねらい）と一致する。

　次に、前述の中学校第2学年小単元「電流」（全17単位時間）の第13時の主眼、学習問題、学習課題を例にして考えてみよう（図2-5）。

　主眼は「同量の水を入れた大小2つの電気ポットの沸騰時間が異なる理由を考える場面で、電気ポットのワット数と流れる電流との関係に着目し、ワット数の異なる電熱線を同量の水に入れ、同じ電圧を加えて同じ時間電流を流したときの水の温度変化を比べることを通して、ワット数の大きな電熱線の方が、水の温度上昇が大きく、発熱量が大きいことを見いだす」であるが、この中の、活動場面は「同量の水を入れた大小2つの電気ポットの沸騰時間が異なる理由を考える場面」である。

　ここでは、生徒に対して、同量の水を入れた大小2つの電気ポットの沸騰時間が異なる理由を考えさせるのであるから、生徒には同量の水を入れた大小2つの電気ポットの沸騰時間が異なる理由を投げかけて考えさせることになる。生徒にとっては、同量の水を入れた大小2つの電気ポットの沸騰時間が異なる理由について疑問を持つことになる。したがって、「なぜ小さな電気ポットの

第 2 章　学習問題と学習課題とは　21

(1) 本時（第 1・2 時）の主眼
　　同量の水を入れた大小 2 つの電気ポットの沸騰時間が異なる理由を考える場面で、電気ポットのワット数と流れる電流との関係に着目し、ワット数の異なる電熱線を同量の水に入れ、同じ電圧を加えて同じ時間電流を流したときの水の温度変化を比べることを通して、ワット数の大きな電熱線の方が、水の温度上昇が大きく、発熱量が大きいことを見いだす。

（学習問題／学習課題／本時の目標（ねらい）（＝評価規準））

(2) 学習問題
　　なぜ小さな電気ポットの方が早く沸騰したのだろう？
(3) 学習課題
　　同量の水にワット数の異なる電熱線を入れ、同じ電圧を加えて電流の強さを調べ、水の温度変化を比べよう。

図 2-5　中学校第 2 学年小単元「電流」（全 17 単位時間）の第 13 時の主眼、学習問題、学習課題
（長野県教育委員会 2010b, 90-98 からの引用に加筆）

方が早く沸騰したのだろう？」と働きかけることによって、生徒が共有できる疑問が生まれる。これが学習問題である。
　一方、主眼において、生徒が具体的に探究する活動として表現されているのは「ワット数の異なる電熱線を同量の水に入れ、同じ電圧を加えて同じ時間電流を流したときの水の温度変化を比べることを通して」である。
　ここでは、生徒が実際にワット数の異なる電熱線を使って、それに同量の水を入れ、同じ電圧を加えて同じ時間電流を流したときの水の温度変化を測定する活動を行う。そして、電圧、時間を一定にして条件制御して測定した水の温度変化の結果から発熱量を分析し、その分析結果から電力との違いを関係づけながら規則性を考察し、結論づけることになる。「なぜ小さな電気ポットの方が早く沸騰したのだろう？」という学習問題に対して、具体的にワット数の異なる電熱線を使って、電圧、時間を一定にして条件制御したときの測定記録から、発熱量と電力の関係を考察しながら解決を図ることを生徒が自らに課すことができる。そこで、「同量の水にワット数の異なる電熱線を入れ、同じ電圧

を加えて電流の強さを調べ、水の温度変化を比べよう」とすることによって、生徒が共有できる課題ができあがる。これが学習課題である。

　本時の目標（ねらい）の部分は「ワット数の大きな電熱線の方が、水の温度上昇が大きく、発熱量が大きいことを見いだす」に相当する。本時の学習課題が全員に把握され、その遂行を通して学習問題が解決されることによって、到達すべき本時の目標（ねらい）が示されている。この本時の目標（ねらい）が達成されたかどうかを授業の最後に評価することになるが、そのときの規準となるものが評価規準である。評価規準は本時の目標（ねらい）と一致する。

第3章
授業づくりで最初に行うこと

第1節　理科を学ぶ目的

　さて、それでは、いよいよ理科の授業づくりに取りかかることになるが、理科の授業づくりで最初に何をしたらよいのだろうか。
　それは、何のために理科を学ぶのか、ということをしっかり自分自身で理解することである。自分自身で理解する、つまり誰にでも分かりやすく説明できるようになっていなければ、何のために理科を学ぶのか、ということについて理解していないということになる。自分自身で理解できていなければ、当然のことであるが、子どもたちには語ってあげることはできない。筆者は、子どもたちに対して、あなたの考える何のために理科を学ぶのかを語ってあげてほしいと願っている。
　それでは、何のために理科を学ぶのだろうか。それに対する一つの答えを、西川（1999）は大学生に対する調査結果等に基づいて、「理科を何のために学ぶのか。それは自然を通してたくさんのことを分かる。そして、それが楽しいから」と述べている。そして、「なぜ、理科という教科があるのか」という問いに対しては、第1に「分からせること」、第2に「属する集団で、それを大事だという文化を育てること」と指摘している（西川 1999）。
　大学に勤めていると、将来教員を目指そうとする学生と話をする機会が多く

ある。そのようなときに学生から「〇〇の勉強は、学校現場に行ったときに役に立つんですか？」と尋ねられることがよくある。学校現場で理科の授業を実践するときに役に立たないことなどないのであるが、学生にしてみれば、直接的に学校現場での理科の授業づくりに寄与するものでないものは、役に立たないと評価してしまうようである。

しかし、話を聞いてみると理科の授業を実践するに当たって、あまり直接的に役に立たないと思えるような講義もあるようであるが、そのような講義でも学生たちが熱心に聞く講義もあるようである。講義の内容や進め方について学生たちから話を聞いてみると、どうやらその講義は学生たちにとってよく分かる講義のようである。

学生にとって一番大切なのは分かることなのである。理解できる内容であれば、その内容が自分の専門の理科の授業やその背景とどのような関連が図られているのかに思いが及ぶのであろう。講義を聞いても、分からない、理解できない、そのときに、それを正当化する理由として、理科が役に立たないと結論づけるだけのことなのである（西川 1999）。

西川（1999）は、要するに分かる授業を実践すればよいだけのことであって、多くの学習者が分かることによって、「その先生の授業を受けることは大事なのだという文化」を集団内に成立させることが重要なのであると述べている。

一方、丹沢（2004）は、小学校でなぜ理科を学ばなければならないのか、という問いに対する答えとして3つの観点を指摘している。

1つ目は、「自然事象に対する子ども自身の考え方や説明の形成」という観点、2つ目は「科学に対する肯定的な態度育成」、そして3つ目が「科学知識を獲得するプロセス、すなわち科学的な思考能力の育成」の観点である。

子どもたちは早い時期から、子どもたちなりの自然界に対する一貫した見方や考え方をもっている（西川 1999、三崎 2010）。理科の授業を行う場合、子どもたちは提示される未知の課題に対してどのように対処してよいか分からない白紙の状態で臨んでいるわけではなく、自然界に対する子どもたちなりの見方や考え方を駆使して課題の解決に臨むのである。

それらは、子どもたちが理科の授業に臨む以前に持っている見方や考え方という意味で、素朴概念や誤概念と呼ばれたり、良くないので修正しなければならないという意味合いでなく、積極的に活用していこうという考え方から代替的コンセプションと呼ばれたりする（土田 2004）。
　自然界や自然事象に対するこのような子どもたちなりの見方や考え方は、彼らが日常生活に見られる自然事象に関して多くの経験を経ることを通して獲得してきたものである。子どもたちはそれまで経験してきた事柄から、自然事象に対する見方や考え方を持つようになる。
　たとえば、理科を学ぶ前から、子どもたちは物体の運動についてさまざまな経験をしている。その経験を通して物体の運動に対する見方や考え方を構築してきている。子どもたちは日常生活で初めて出合った問題を解決する場合に、「使えばなくなる」「強い力で押すと速く動く」などの基本的な法則を用いている。このような日常生活に基づいた基本的な法則を駆使しながら、子どもたちなりの自然事象に対する論理一貫した見方や考え方を確立していくのである。
　誰に教えられるわけでもなく、自ら前述のような自然事象に対する見方や考え方を獲得していく有能な子どもたちは、自分の持っている自分なりの見方や考え方を、自分でつくり変えていく（再構成していく）ことができる力も持っている。
　ただ、子どもたちの持っている自然事象に対する見方や考え方は合理的で、子どもたちにとって意味あることなので、変えることはなかなか難しい。子どもたちのこのような見方や考え方と、科学的な見方や考え方との間のギャップを埋めるところに、理科の役割がある（丹沢 2004）。
　一度合理性を持って獲得された子どもたちの自然事象に対する見方や考え方はなかなか強固なものであるために、一度勉強したからといってもその後勉強しなければ元に戻ってしまうほどである。理科の授業を行う教師の役目は、この子どもたちなりに獲得された見方や考え方を、科学的な見方や考え方に変えてやることである。
　ところで、なぜ科学が必要なのだろうか。それは資源の乏しい日本にとって科学立国としての存続に必要不可欠であることは自明の理である。それが理科

の求められる一つの理由であろう。では、なぜ科学的な見方や考え方が求められるのだろうか。

　地球規模での環境問題がますます複雑化する現代社会において、環境の視点から遭遇するさまざまな環境的な要因の包含する課題に対して、決して周囲の価値観や判断に迎合することなく、自分自身で科学的に見たり考えたりしながら判断して、当面の課題を解決していくことのできる資質を習得する上で、理科の授業において獲得された科学的な見方や考え方は必要不可欠なものである。

第2節　小学校の授業づくりをするときの留意点

　初めて小学校の理科の授業づくりをするに当たってどのような点に留意したらよいのだろうか。ここでは、Harlen（1993）の提案した、理科の授業を実践する上での留意点を紹介する（図3-1）。

［理科授業の留意点］
・子ども自身が自分の考え方に気づき、他の人の考え方にも関わることができるよう支援する。
・自分や他の人の考え方を、ある問題や状況に応用して、その有効性を検証することを支援する。
・検証の過程で、考え方がどのようにして用いられ、検証されたのかについて、子ども自身が批判的に考察し、より良い方法を見つけ出すことを支援する。

［具体的に子どもたちに提供すべき機会］
・有効な考え方を展開できるような問題と事象を子ども自身が調べられるような機会。
・子どもたちが多様な説明や解決方法を考え、検証できるような機会。
・考察する価値のある考えであると納得できる方法を用いて科学的な考えを使うような機会。
・子どもたちにある考え方とその検証方法について自己責任を持たせ、グループ単位で課題を分かち合えるような機会。
・どのようにして考え方が浮かんだのか、それによってどのようにして予想できたのか、そしてどのようにしてその予想が検証されたのか、などについて、子どもたちに説明させるような機会。
・証拠に基づく論理展開、結論の導入がなされていれば、それを受け入れるような機会。

［理科の授業において避けるべき振る舞い］
・子どもたちの考え方を無視したり、新しい経験や問題について子どもたちが考えを持っていないと仮定したりすること。
・子どもたちが調べたり比較したりする機会を設けることなく、科学的な考え方を導入すること。
・日常経験に関係づけられない考え方の有効性を、子どもたちが受け入れると期待すること。
・子どもたちに対して、自分の推論を説明して証拠の活用について説明するように求めてから、彼らの判断を受け入れること。
・子どもたちに対して、他の人と討論し、考え方を分かち合うことができないような課題を強制すること。

図3-1　小学校の理科の授業を実践する上での留意点

　小学校の児童は、初めての自然事象に対して、彼らなりの見方や考え方で接する。彼らはまったく無知な存在ではなく、未知な課題に対して解決を図ろうとする有能な力を持った存在であることを認識して、理科の授業が構想され、実践されるべきである。
　また、自分の持っている自分なりの見方や考え方を、自分でつくり変えていく（再構成していく）ことができる力は、一人ひとりの個別の力だけでなされるのではなく、複数の人たちによって社会的に構成されることも多い。いろいろな場面で、他の人の考え方に関わることができる環境を整えていくことが大切である。
　一方、小学校の理科の授業においては、児童が自然の事物・現象に親しむ中で興味・関心を持ち、その中から問題を見つけ出して、予想を立てて観察、実験等を行って結果を整理し、相互に情報交換する中から結論として科学的な見方や考え方を習得するようになる問題解決の過程を通して、問題解決の能力が育成される（文部科学省 2008b, 8）。
　小学校第3学年から始まる理科の授業においては、これらの問題解決の能力が学年を追って段階的に習得できるように指導していくこととなる。文部科学省（2008b）によると、図3-2のように示されている。

第3学年：身近な自然の事物・現象を比較しながら調べること
第4学年：自然の事物・現象を働きや時間などと関係づけながら調べること
第5学年：自然の事物・現象の変化や働きをそれらにかかわる条件に目を向けながら調べること
第6学年：自然の事物・現象についての要因や規則性、関係を推論しながら調べること

図3-2　小学校理科における問題解決の能力
（文部科学省 2008b）

　これらの問題解決の能力は、その学年で中心的に育成するものであるが、第3学年の理科の授業で身近な自然の事物・現象を比較しながら調べる能力を育成したからといって、第4学年の理科の授業でまったく取り扱わなくてよいということにはならない。上学年の問題解決の能力は、下学年の問題解決の能力が基盤となってこそ確実に習得できるものである点、認知心理学の研究成果によれば我々の諸能力は文脈に依存して獲得されたり発揮されたりするものである点、に留意する必要がある。

　したがって、第3学年の単元「ひなたとひかげをくらべよう」の学習において比較する力を育てる単元構成にして、当該の能力を習得させたから、他の単元では扱わなくてもよいということにはならず、第3学年の地学的領域の単元以外の単元においても、また第4学年以降の学年における物理的領域、化学的領域、生物的領域、地学的領域のすべての単元において事あるごとに比較する力を育てることのできるような単元構成を構想し、実践していくことが大切である。

　次に、小学校の理科の授業を構想、実践する上で大切なことは、日常生活における自然の事物・現象とのかかわりを通して実感を伴った理解を促すようにすることである。通常、児童の自然の事物・現象とのかかわりは、普段、自分の過ごしている日常に見られる身の回りの具体的な事物・現象に限られる場合が多い。幼少の頃から、そのような身近な自然の事物・現象に触れることによって、児童に固有な自然の事物・現象に対するイメージや素朴な理解が形成されていくこととなる。

　児童は自分の身の回りの自然の事物・現象に働きかけ、問題を解決していくことによって、自然の事物・現象の性質や規則性などを把握することになる。

それだけに、児童自身の身の回りの自然の事物・現象を取り上げることは、児童にとっての興味・関心を喚起させることにつながるだけでなく、児童が自然に培った自然の事物・現象に対するイメージや素朴な理解が、児童の身の回りの自然の事物・現象に対する働きかけによって意味づけられ関係づけられるようになる。その上で、児童は自然の事物・現象についての新たなイメージや理解を、実感を持ってより妥当性の高いものへと変化させていくことになる。

　そのためには、児童自身が自らの諸感覚を使って、観察、実験等の具体的な体験を通して日常的に見られる自然の事物・現象を調べていくことによって成し遂げられるものである。また、自らの問題意識に支えられた見通しを持って行われる主体的な活動を通して日常的な自然の事物・現象を調べていくことによっても成し遂げられるものである。これは、児童自身の自然の事物・現象のよりよい理解につながり、知識や技能の確実な習得に資するものであると同時に、理科の授業で学んだ自然の事物・現象の性質や働き、規則性等が実際の日常生活の中で認められたり役立っていたりすることを自ら確かめることによって、理科を学ぶ意義やその有用性を感得することに資するものである。

　さらに、小学校の理科の授業を通じて、自然を愛する心情をぜひ育みたい。児童は、植物の栽培や小動物の飼育等の体験活動を通して、その成長を喜んだり動植物の神秘さやダイナミックなところを実感的に感じたりすることができる。同時に、植物が枯れてしまう体験をすることがあるであろうし、動物が死んでしまう体験をすることもあるであろう。それらの体験を児童に振り返らせることによって、生物を大切にしようとする態度が育まれるのである。人間が自然環境の中で、多くの生物と共生しようとするにはどのようにしたらよいのかを考えながら、自然の事物・現象との接し方を見つめ直す機会ともすることができる。それらは、児童の自然を愛する心情を育んでいく上で、大切なことである。

第 3 節　中学校の授業づくりをするときの留意点

　初めて中学校の理科の授業づくりをするに当たっては、どのような点に留意したらよいのだろうか。
　その点を考えるに当たって、中学校においてどのような理科の授業が求められているのか、中学校学習指導要領及び中学校学習指導要領解説理科編から繙いてみたい。平成 20 年 3 月に告示された中学校学習指導要領第 4 節には理科の目標が次のように掲げられている（文部科学省 2008c, 57）。

> 「自然の事物・現象に進んでかかわり、目的意識をもって観察、実験などを行い、科学的に探究する能力の基礎と態度を育てるとともに自然の事物・現象についての理解を深め、科学的な見方や考え方を養う」。

　また、小学校における平成 20 年 3 月告示の小学校学習指導要領の理科の目標は、以下のように示されている（文部科学省 2008a, 61）。

> 「自然に親しみ、見通しをもって観察、実験などを行い、問題解決の能力と自然を愛する心情を育てるとともに、自然の事物・現象についての実感を伴った理解を図り、科学的な見方や考え方を養う」。

　両者を比較した場合、中学校において科学的に探究する能力の基礎と態度を育成する視点に立って目標が示されていると読み取ることができる。科学的に探究する能力の文言が中学校学習指導要領の理科の目標に使われているこの傾向は、平成元年に告示された中学校学習指導要領に示された文言から継続されている。平成元年 3 月告示の中学校学習指導要領理科の目標には「科学的に調べる能力と態度を育てる」とあり（文部省 1989）、平成 10 年 12 月告示の中学校学習指導要領理科の目標には「科学的に調べる能力と態度を育てる」とある（文部省 1998）。
　科学的に探究する能力の基礎と態度を育てていくためには、自然の事物・現象の中から問題を見いだし、仮説を立てて、目的意識を持って観察、実験等を

主体的に行って、得られた結果を分析して解釈して、見いだした問題に対する結論を導き出すなど、科学的に探究する学習を進めていくことが重要であることが示されている（文部科学省 2008d, 17）。

このことは、自然の事物・現象を科学的に探究する活動として、図3-3のような過程が必要とされているといえる（文部科学省 2008d）。

```
1  問題の把握
2  仮説の設定
3  資料の収集
4  実験による検証
5  結果の分析や解釈
6  結論の導出
```

図3-3　自然の事物・現象を科学的に探究する活動として必要な過程
（文部科学省 2008d）

つまり、中学校の理科の授業を構想、実践するに当たって大切にしなければならないことの一つは、授業の過程の中に、問題の把握、仮説の設定、資料の収集、実験による検証、結果の分析や解釈、結論の導出という一連の過程を組み込むことであると解釈できる。

このような探究としての理科の教育の主張の始まりは、1960年代にシュワブが提唱した学習方法によると考えられる（降旗 1978, 50-52）。降旗（1978, 36-38）によれば、それは、生徒自身が知識を獲得する過程に主体的に関わっていくことによって、自然の事物・現象を調べていくために必要な探究の能力を習得するとともに、自然の事物・現象の理解の基礎となる科学概念の形成を図り、未知の自然の事物・現象を探究しようとする態度を育てるような学習活動であるとされる。そこでは、結果としての科学概念習得ではなく、探究の過程を重視しているのである。そして探究の過程に密着して探究の能力が育つのである（貫井・平野 1998）。

一方、デューイは、問題解決における思考の過程を5段階に定式化している（図3-4）（栗田 1978, 18-19; 森 1982, 46-48）。

```
1  問題を把握する。
     十分に見定めることのできない環境から生じる当惑や困難を感じる。
2  仮説を立てる。
     既知の知識や経験に照らして仮説を立てる。
3  資料の収集と検討をする。
     対象を観察し、資料を集め、それらを吟味、検討する。
4  仮説を確認する。
     仮説が広い事実と合致するか否かを確認する。
5  仮説を検証する。
     仮説の真偽を検証する。
```

図3-4　問題解決における思考の過程
(栗田1978; 森1982)

この過程のパターンから学習過程の段階が帰結され、現在、学習指導案でもよく採用されている図3-5のような原型が成り立っている（栗田1978, 18-19)。

```
1  導入段階：問題の導入と動機づけの段階
2  展開段階：解決の見通しをつけ、情報を集めて吟味し、結論を導く段階
3  応用ないし総括段階：結論を検証したり原理の応用例を調べたりする段階
```

図3-5　学習指導案でよく採用される学習過程の段階
(栗田1978)

　教育者によっては、探究を実質的に問題解決やクリティカル・シンキング（総合的批判的思考）と同義としてみなして議論されることがある。探究は新しい情報（情報間の関係、概念、原理）の展開に関わるものであり、問題解決は問題の解決方法を見いだすことに重点が置かれ、技術との関わりを重視するものであり、クリティカル・シンキングは合理的な推論として理解されることが多いが演繹や帰納という認知的方略ととらえることもできると解釈することによって、その理解を助けることになるであろう（ドランら2007, vii-ix)。
　ところで、探究の能力は、先にも述べたとおり、自然の事物・現象を探究する過程において使われる能力であり、いわば探究の過程に密着した能力であるといえる（降旗1978, 59)。その意味においては、小学校において育成され

た能力に基づいて、中学校においては、観察、実験などから得られた事実を客観的にとらえ、科学的な知識や概念を用いて合理的に判断するとともに、多面的、総合的な見方を身に付け、日常生活や社会で活用できるようにすることが大切になる（文部科学省 2008d）。

特に、小学校においては、前述のとおり、第3学年で「身近な自然の事物・現象を比較しながら調べること」、第4学年で「自然の事物・現象を働きや時間などと関係づけながら調べること」、第5学年で「自然の事物・現象の変化や働きをそれらにかかわる条件に目を向けながら調べること」、第6学年で「自然の事物・現象についての要因や規則性、関係を推論しながら調べること」に関する能力が育成されることとなる（文部科学省 2008b）ことから、中学校においては、それらの能力を総合的に発揮できるようになることが求められる。

そこでは、生徒が主体的に疑問を見つけ、自らの課題意識をもって観察、実験を行うなど、自ら学ぶ意欲が重視されなければならない。また、生徒が科学的に探究する活動をより一層重視し、高等学校理科との接続を明確にしていかなければならない（文部科学省 2008d）。そのためにも、生徒が主体的に学習を進めていくことを可能とする学習者中心の授業環境を整えることが肝要となる。

探究の過程とそこに密着した能力を具体的に取り出す試みがなされており、アメリカの AAAS（米国科学振興会）が開発した初等理科のカリキュラム SAPA（Science-A Process Approach）が探究の過程を、図3-6の具体的な13のプロセスに分析したことはよく知られている（湊 1978, 152-159）。

図3-6の1～8までが基本的な8つのプロセスとされ、それらを体得した子どもたちはもう一段上のプロセス・スキルを体得することによってより効果的になるとされる。基本的プロセスが相互の関連し合った総合的なプロセスとして、図3-6の9～13までの4つが設定されている（湊 1978, 153-159）。

```
┌─────────────────────────────┐
│  1   観察する                │
│  2   空間、時間の関係を用いる  │
│  3   分類する                │
│  4   数を用いる              │
│  5   測定する                │
│  6   伝達する                │
│  7   予測する                │
│  8   推論する                │
│  9   条件を制御する          │
│  10  データを解釈する        │
│  11  仮説を作る              │
│  12  操作的に定義する        │
│  13  実験する                │
└─────────────────────────────┘
```

図3-6　探究の過程のプロセス
（湊 1978）

　たとえば、基本的プロセスの一つである「1　観察する」では、子どもたちは、教師の用意したモジュールによって学習し、観察について次の基本的な能力が体得できるとされる（湊 1978, 153）。

① 少なくとも4つの感覚（見る、触れる、かぐ、聞く）を用いて、ある物体や出来事の性質をはっきりさせて、それを説明する。
② 量的な表現の言葉で説明する。
③ ある物体の性質の観察可能な変化について説明する。
④ 観察と推論を区別する。

　今日では、このようなプロセス・スキルは、科学的現象の説明をより深くとらえるための一種の道具としてみなされるようになってきている（ドランら 2007, vii-ix）。

　ただ、中学校の理科の授業においては、単元全体あるいは単位時間全体を見通して、最終ゴールを明らかにした上で子どもたちにそれを明示し、個々の学習のパフォーマンスを子どもたち自身が設定していくような必要性、必然性のある授業を構想、実践していかないことには結果的に探究の能力が習得されないような効果の乏しいものになりかねない。

　したがって、中学校の理科の授業を構想、実践するに当たって大切にしなけ

ればならないことの一つは、自然の事物・現象を探究していく過程を通してそれに密着した探究の能力を必然的に使用し得る授業構成をすることであるといえる。

そして、もう一つ大切なことは、科学概念の形成に寄与することである（降旗 1978, 58-59）。降旗（1978, 58-59）は、概念形成にはまず能力や態度の育成が先行しなければならないという考え方に基づいて、小学校段階では、概念等を獲得するのに必要な探究能力や態度の育成に重点を置き、中学校及び高等学校へ進むにつれて、科学概念の形成に重点を置くようにするという重点の置き方を提案している。

小学校段階で育てられてきた探究の能力や態度等を駆使して、素朴概念を科学概念へと変換させ、それによって自然の事物・現象に対する広く深い認識を獲得させることが、中学校の理科の授業においては大切となる。

第4章
指導計画をつくる

第1節　はじめに行うこと

　最初に、理科の授業づくりを始めるに当たって、何をしたらよいのだろうか。
　それは、まず第1に、教育の目的は何かということを確認することである。教育の目的及び義務教育として行われる普通教育の目的は、図4-1のように教育基本法（平成18年12月22日法律第120号）に規定されている。教育は、人格の完成を目指して、平和で民主的な国や社会をつくることのできる心身ともに健康な人材を育てることを期して行われるものである。その基本的な資質を養成するのが義務教育の目的である。
　小学校や中学校の理科の授業で何を教えるかよりも、小学校や中学校で人格の完成を目指す教育を施すことが優先されることを忘れてはならない。自然の事物・現象に関する知識だけを暗記させることが理科の授業ではない。人格の完成を目指す教育の下で、何を教えることによってその目的を達成することができるのかを考えるべきである。初めて学校現場に着任して、理科の授業をどのようにして構想し、実践したら良いかを考えるときには、必ず、この教育基本法第1条に立ち返って、教育の目的を念頭に置いてほしい。
　前述の教育基本法を受けて、学校教育法（昭和22年3月31日法律第26号

> （教育の目的）
> 第一条　教育は、人格の完成を目指し、平和で民主的な国家及び社会の形成者として必要な資質を備えた心身ともに健康な国民の育成を期して行われなければならない。
> （中略）
> （義務教育）
> 第五条　（中略）
> 2　義務教育として行われる普通教育は、各個人の有する能力を伸ばしつつ社会において自立的に生きる基礎を培い、また、国家及び社会の形成者として必要とされる基本的な資質を養うことを目的として行われるものとする。

図 4-1　教育基本法第 1 条
（文部科学省 2008a, 2-3 から一部引用）

> 第二十一条　義務教育として行われる普通教育は、教育基本法（平成 18 年法律第 120 号）第 5 条第 2 項に規定する目的を実現するため、次に掲げる目標を達成するよう行われるものとする。
> （中略）
> 七　生活にかかわる自然現象について、観察及び実験を通じて、科学的に理解し、処理する基礎的な能力を養うこと。
> （中略）

図 4-2　学校教育法第 21 条
（文部科学省 2008a, 6 から一部引用）

一部改正：平成 19 年 6 月 27 日法律第 96 号）第 21 条には、義務教育として行われる普通教育の目標が図 4-2 のように規定されている。

ここに、「生活にかかわる自然現象について、観察及び実験を通じて、科学的に理解し、処理する基礎的な能力を養うこと」と示されている。義務教育、つまり、小学校及び中学校の理科の授業では、生活にかかわる自然現象を取り上げ、観察、実験を通じて、それらを科学的に理解し、分析、処理する基礎的な能力を養うことが目標とされている。理科が、自然の事物・現象を対象とした問題解決の授業であるといわれる所以でもある。

図 4-3 及び図 4-4 は、学校教育法施行規則（昭和 22 年 5 月 23 日文部省令第 11 号一部改正：平成 20 年 3 月 28 日文部科学省令第 5 号）の一部を示している。ここで教育課程という表現が初めて出てくるが、教育課程というのは、

> 第四章　小学校（中略）
> 第二節　教育課程（中略）
> 第五十二条　小学校の教育課程については、この節に定めるもののほか、教育課程の基準として文部科学大臣が別に公示する小学校学習指導要領によるものとする。

図 4-3　学校教育法施行規則
（文部科学省 2008a, 8 から一部引用）

> 第五章　中学校（中略）
> 第七十四条　中学校の教育課程については、この章に定めるもののほか、教育課程の基準として文部科学大臣が別に公示する中学校学習指導要領によるものとする。

図 4-4　学校教育法施行規則
（文部科学省 2008c, 10 から一部引用）

学校教育において、教育内容を児童・生徒の学習段階に応じて系統的に配列したものを指し、カリキュラムとも表現されるものである。

　小学校における教科・領域のカリキュラムは、文部科学大臣によって公示される小学校学習指導要領によって決められるものであることが示されている。同様に、中学校における教科・領域のカリキュラムは、文部科学大臣によって公示される中学校学習指導要領によって決められるものであることが示されている。

　つまり、生活にかかわる自然現象の中で、どのような内容をどのような系統性で配列して教えていくことによって、人格の完成を目指す教育の目的が達成できるのかが小学校学習指導要領及び中学校学習指導要領に示されているのである。

　図 4-5 は小学校学習指導要領に示された理科の目標を表している。文部科

> 第1　目標
> 　自然に親しみ、見通しをもって観察、実験などを行い、問題解決の能力と自然を愛する心情を育てるとともに、自然の事物・現象についての実感を伴った理解を図り、科学的な見方や考え方を養う。

図 4-5　小学校理科の教科の目標
（文部科学省 2008a から引用）

学省（2008b, 11）は、目標の意図するところを問題解決の流れに沿って3つの重点に整理できると述べている。

(1) 児童が身近な自然を対象として、自らの諸感覚を働かせ体験を通した自然とのかかわりの中で、自然に接する関心や意欲を高め、そこから主体的に問題を見いだす学習活動を重視する。
(2) 児童が見通しをもって観察、実験などを行い、自然の事物・現象と科学的にかかわる中で、問題解決の能力や態度を育成する学習活動を重視する。
(3) 児童が観察、実験などの結果を整理し、考察、表現する活動を行い、学んだことを生活とのかかわりの中で見直し、自然の事物・現象についての実感を伴った理解を図る学習活動を重視する。

　これらのことを踏まえると、これからの理科の授業における指導においては、自然の事物・現象との体験を通したかかわり、自然の事物・現象との科学的なかかわり、生活とのかかわりの中での見直しを重視することによって、問題解決の能力や自然を愛する心情を育て、実感を伴った理解を図って、科学的な見方や考え方をもつことができるようにすることが大切であるといえる。
　詳細は、最新版の小学校学習指導要領解説理科編に述べられている（平成23年度は文部科学省（2008b）である）。小学校の教師を目指すあなた、小学校の教師として初めて理科の授業づくりをするあなたは、ぜひ、最新版の小学校学習指導要領解説理科編を手元に置いて熟読すべきである。小学校には、各教科書会社の教科書に準拠した教師用指導書と呼ばれる冊子が用意されているはずであるが、初めて理科の授業づくりをするに当たっては、教育基本法第1条及び小学校理科の目標や小学校学習指導要領解説理科編を熟読せずに、教科書や教師用指導書だけを見て理科の授業づくりをしたり、素材の教材化だけを考えて理科の授業づくりをしたりするのは本末転倒である。たとえ、模擬授業であったとしても、である。
　図4-6は中学校学習指導要領に示された理科の目標を表している。文部科学省（200d, 16-17）は、この目標を5つに分けて、中学校理科がどのようなことを育成しようとしているのかを、簡潔に示している。

> 第1　目標
> 　自然の事物・現象に進んでかかわり、目的意識をもって観察、実験などを行い、科学的に探究する能力の基礎と態度を育てるとともに自然の事物・現象についての理解を深め、科学的な見方や考え方を養う。

図4-6　中学校理科の教科の目標
（文部科学省 2008c から引用）

　理科は自然の事物・現象を学習の対象とする教科であると明示されており、生徒自身が自然の事物・現象に自ら進んでかかわることは、生徒自身の主体的なかかわりのために不可欠であると同時に必然性を持った探究を促して学習意欲を喚起する点からも大切である。目的意識をもって観察、実験などを行うことは、生徒自身が観察、実験を何のために行うのか、生徒自身の探究への必然性を考えさせる上で、また、観察、実験を探究的に進める上で大切である。

　科学的に探究する能力の基礎と態度を育てるためには、自然の事物・現象から問題を見つけ、科学的に探究していく学習を進めていくことが重要である。自然の事物・現象についての理解を深めることがその支えとなり、自然の事物・現象についての知識の体系化に寄与するのである。それを通して、科学を学ぶ楽しさや有用性を実感することが可能となる。

　そして、自然を科学的に探究する能力や態度が育成され、自然についての理解を深めて知識を体系化し、いろいろな事象に対してそれらを総合的に活用できるようになるのである。

　理科を学んだ人材が、将来、自然環境の保全や科学技術の利用に関する問題に遭遇したときに、自然と調和しながら持続可能な社会を維持する観点から、科学的な根拠に基づいて賢明な意思決定ができるようになることが期待されているといえよう。

　詳細は、最新版の中学校学習指導要領解説理科編に述べられている（平成23年度は文部科学省（2008d）である）。中学校の理科の教師を目指すあなた、中学校の理科の教師として初めて理科の授業づくりをするあなたは、ぜひ、最新版の中学校学習指導要領解説理科編を手元に置いて熟読すべきである。中学校には、各教科書会社の教科書に準拠した教師用指導書と呼ばれる冊子が用意

されているはずであるが、初めて理科の授業づくりをするに当たっては、教育基本法第1条及び中学校理科の目標や中学校学習指導要領解説理科編を熟読せずに、教科書や教師用指導書だけを見て理科の授業づくりをしたり、素材の教材化だけを考えて理科の授業づくりをしたりするのは本末転倒である。たとえ、模擬授業であったとしても、である。

初めて学校に着任して理科の授業を構想し、実践しようとする場合、教育基本法第1条の教育の目的に続いて、この学習指導要領に記載されている理科の目標を必ず振り返ってから取りかかることが大切である。小学校に着任した場合には、小学校学習指導要領の理科の目標を、中学校に着任したら中学校学習指導要領の理科の目標を、必ず確認して理科の授業ではどのような目標に向かって授業づくりをしなければならないのかを念頭に、理科の授業づくりに取りかかってほしい。

決して、良い素材が見つかったから、素材を教材にする教材化が予想以上に順調にいったからといって、素材を生かす授業づくりや教材化を生かす授業づくりを優先すべきではない。小学校及び中学校における理科の授業づくりはあくまでも教育の目的、目標があってこそのものである。良い素材、順調にいった教材化をどのようにすれば教育の目的、理科の目標の達成に寄与できるのかを常に考えて理科の授業づくりを進めることが大切なのである。

繰り返すが、理科の授業づくりを行うときには、必ず、教育の目的はなんであったであろうか、理科の目標はなんであったであろうか、を振り返ってから始めることができるように習慣づけることが大切である。

第2節　年間指導計画のつくり方

（1）1年間の授業数

年間指導計画という言葉を初めて聞くことであろう。理科では生活にかかわる自然事象について指導することになるのであるが、あなたが実際に学校現場に着任して授業をする場合にはどのような内容をどのような順序でどのように

指導したらよいのかを考えなければならない。何も計画を立てないで授業を実施することはできないので、まず最初に、授業の計画を立てることになる。

小学校の場合、学級担任制なので学校に着任するとまず学級担任をする学年と学級が命ぜられる。たとえば、第6学年のあるクラスの学級担任を拝命した場合には、当該学級の1年間の授業の計画を立てなければならない。

中学校の場合、教科担任制なので、学校に着任すると学級担任なり副任なりをする学年が命ぜられると同時に、理科の教科担任としてどの学年を何クラス担当するのかが命ぜられることになる。命ぜられた学年の1年間の理科の授業の計画を立てなければならない。たとえば、第1学年と第2学年の教科担任を命ぜられた場合には、第1学年の理科と第2学年の理科のそれぞれ1年間の授業の計画を立てなければならない。

その1年間の理科の授業の計画が、理科の年間指導計画と呼ばれるものである。

最初に、1年間で何単位時間の授業を行うのかを確認してみたい。本書では、単位時間という表現を採用するが、小学校においては、「授業時数の1単位時間は、45分とする」という表記が根拠となっている（文部科学省2008a, 10）。したがって、小学校の授業の1単位時間は45分となる。中学校においては、「授業時数の1単位時間は、50分とする」という表記に基づいている（文部科学省2008c, 12）。したがって、中学校の授業の1単位時間は50分となる。

図4-7は、平成20年3月告示の小学校学習指導要領に基づいた各学年における理科の総授業時数の標準を示している。理科の総授業時数は、告示される小学校学習指導要領によって異なってくる。中学校の場合も同様である。通常、1年間で35週に渡ってカリキュラムが組まれることから、表中の授業時数を35で除した数値が、1週間に実施する理科の授業時数とみなすことができる。

区　分		第1学年	第2学年	第3学年	第4学年	第5学年	第6学年
各教科の授業時数	理科			90	105	105	105

図4-7　小学校の理科の各学年の総授業時数の標準
（文部科学省 2008a, 10 別表第一から一部引用）

たとえば、第6学年の場合、年間の総授業時数が105単位時間となって示されているので、105単位時間を35で除すと、3となる。したがって、第6学年では1週間に3単位時間の理科の授業を実施することとなる。もちろん、年間のカレンダーや所属校の年間の行事予定を確認すれば分かることであるが、祝日もあれば学校行事もあって、1週間に3単位時間の授業を実施することができない週もあるので、1週間に3単位時間の理科の授業の実施というのはあくまでも計算上のことである。

同様に、第5学年は1週間に3単位時間、第4学年は1週間に3単位時間の理科の授業が行われるのが標準である。第3学年は年間の総授業時数が90単位時間であるので、35週で除すると2.57...となる。したがって、第3学年は1週間に2単位時間の週と1週間に3単位時間の週が存在するのである。どの週が2単位時間でどの週が3単位時間とするかは学校による。

図4-8は、平成20年3月告示の中学校学習指導要領に基づいた各学年における理科の総授業時数の標準を示している。理科の総授業時数は、告示される中学校学習指導要領によって異なる。小学校も同様である。中学校においても、通常、1年間で35週に渡ってカリキュラムが組まれることから、表中の授業時数を35で除した数値が、1週間に実施する理科の授業時数とみなすことができる。

たとえば、第3学年の場合、年間の総授業時数が140単位時間となって示されているので、140単位時間を35で除すと、4となる。したがって、第3学年では1週間に4単位時間の理科の授業を実施することとなる。もちろん、年間のカレンダーや所属校の年間の行事予定を確認すれば分かることであるが、祝日もあれば学校行事もあって、1週間に4単位時間の授業を実施することができない週もあるので、1週間に4単位時間の理科の授業の実施というのはあくまでも計算上のことである。

区　分		第1学年	第2学年	第3学年
各教科の授業時数	理科	105	140	140

図4-8　中学校の理科の各学年の総授業時数の標準
（文部科学省 2008c, 12 別表第二から一部引用）

同様に、第2学年は1週間に4単位時間、第1学年は1週間に3単位時間の理科の授業が行われるのが標準である。

（2）小学校の年間指導計画をつくる
1）1年間にどれだけの内容を指導するのか？

それでは、理科の授業では1年間にどれだけの内容をどのような順序で指導することになっているのだろうか。あなたが小学校に初めて着任して、理科の授業づくりを進めるときには、まず第一に、年間指導計画をつくらなければならないのである。

ここでは、小学校の理科がどのような内容をどのような順序で指導するようになっているのかを、小学校学習指導要領及び教科書会社の年間指導計画の配列から見てみることにしよう。各学年でどのような内容を指導するのかは、学習指導要領の各学年ないしは各分野の内容によるので、初めて理科の授業づくりをする場合には、まずあなたが授業づくりをするときに告示されている学習指導要領を確認することから始めなければならない。場合によっては、移行期間に当たっていることもあるので、その場合にはどのような移行措置がなされているのかも確認しておくとよい。

小学校第6学年を事例に考えてみよう。図4-9は、小学校学習指導要領の理科に示された小学校第6学年の目標と内容を示している。

1　目標
(1) 燃焼、水溶液、てこ及び電気による現象についての要因や規則性を推論しながら調べ、見いだした問題を計画的に追究したりものづくりをしたりする活動を通して、物の性質や規則性についての見方や考え方を養う。
(2) 生物の体のつくりと働き、生物と環境、土地のつくりと変化の様子、月と太陽の関係を推論しながら調べ、見いだした問題を計画的に追究する活動を通して、生命を尊重する態度を育てるとともに、生物の体の働き、生物と環境とのかかわり、土地のつくりと変化のきまり、月の位置や特徴についての見方や考え方を養う。
2　内容
A　物質・エネルギー
　(1) 燃焼の仕組み（化学的領域）
　(2) 水溶液の性質（化学的領域）

```
  (3) てこの規則性（物理的領域）
  (4) 電気の利用（物理的領域）
 B　生命・地球
  (1) 人の体のつくりと働き（生物的領域）
  (2) 植物の養分と水の通り道（生物的領域）
  (3) 生物と環境（生物的領域）
  (4) 土地のつくりと変化（地学的領域）
  (5) 月と太陽（地学的領域）
```

図4-9　小学校第6学年の目標と内容
（文部科学省2008aに一部加筆）

　内容領域が「A　物質・エネルギー」と「B　生命・地球」とに大きく2つに分かれている。内容領域の「A　物質・エネルギー」は、中学校における第1分野に対応しており、内容領域の「B　生命・地球」は中学校における第2分野に対応している。

　第6学年の内容を見ると、「A　物質・エネルギー」の中には、物理的領域の内容が2つ、化学的領域の内容が2つ用意されている。また、「B　生命・地球」の中には、生物的領域の内容が3つ、地学的領域の内容が2つ用意されている。物理的領域、化学的領域、生物的領域、地学的領域のそれぞれの内容がバランス良く配分されているといえる。

2）勤務校の年間指導計画を見せてもらおう

　これらの内容をどのような順序で指導したらよいのであろうか。通常、あなたが初めて勤務する小学校に着任したら、まず配属された学年の年間指導計画を確認することが大切である。4月初旬の始業式、入学式の日や翌日には学級活動が多く行われる日程になっていると考えられるが、一両日中には理科の授業があるはずである。そのときになって慌ててしまわないように、着任したらすぐに、自分の配属された学年の理科の年間指導計画を、必ず、見せてもらうことが大切である。

　「理科の年間指導計画を見て、単元配列と指導時数を確認したいんですが、理科の年間指導計画はどこにあるのでしょうか？」と誰に言えばよいのであろうか。着任前に引き継ぎのために当該校に行く機会があってそのときに手渡し

されれば問題はないが、期待できない。

　小学校の場合、学年単学級であれば教務主任もしくは教頭に申し出るとよい。学年複数学級の学校の場合は学年主任に申し出る。あなたの着任した学校が比較的大きければ、学級数に応じて理科を専門に担当する理科専科（学校によっては音楽専科や図画工作専科がいるところがある。どの教科に専科を置くかは校長の決裁による）と呼ばれる教諭がいる場合がある。学年主任から「理科専科の先生に聞いてください」と言われることがあるかもしれない。

　すでにその学校の当該の学年の理科の年間指導計画はできているはずである。年間指導計画というのは、当然のことながら、次の年度の１年間でどのような内容をどのような順序でどのようにして指導していくのか（どの単元を何単位時間の時数で指導し、それをどのように１年間の総授業時数の中で配列していくのか）についての計画であるから、前年度中に作成済みなのである。

　したがって、着任する前の３学期の２〜３月に、あなたが配属される学年の、次の年度の年間指導計画については作成し終えていることになる。つまり、あなたが着任したときには、前の担当者が年間指導計画をつくり終えているので、それに沿って授業を進めればよいのである。もちろん、４月に着任した後に、あなたのビジョンに基づいて計画を修正することも重要な仕事の一つであることも補足しておかなければならない。

３）単元はどのように配列されているか

　万が一、理科の年間指導計画がつくられていない事態が判明したら、早急につくらなければならない。それでは、どのようにしてつくったらよいのであろうか。

　ここでは、一般的な理科の年間指導計画のつくり方について述べる。「一般的な」とことわったのは、あくまでも年間指導計画というのは、あなたが勤務した学校における計画であるからである。もっといえば、あなたが指導する最善の計画にしなければならないものであるからである。

　特に、生物的領域や地学的領域の内容に関しては、あなたの勤務する学校の周辺の特色ある気候、地形や地質、植生等を十分に考慮しながら単元配列を決めていかなければならない。その意味においては、あなたが勤務する学校が決

まったら、その学校周辺の生物的条件や地学的条件について念入りに下調べをしておくことがとても大切になる。

年間指導計画をつくるに当たっては、一般的な理科の年間指導計画をインターネット上で公開している教科書会社が多いので、それを参考にするとよい。

図4-10は、長野県で多く採用されている社団法人信濃教育出版社の公開している平成23年度の小学校第6学年の理科の年間指導計画である（信濃教育出版社2010a）。社団法人信濃教育出版社の公開している年間指導計画には主な準備品も掲載されているので便利である。

表中の時数欄の数字は単元配当時間数、（　）内の数字は標準配当時間数を表している（信濃教育出版社2010b）。（　）内の数字の1年間の合計は105単位時間であり、時数欄の数字の1年間の合計は99単位時間であることが分かる。つまり、全国標準の時数として一般的に行われる場合には、（　）内の時数を見ればよいのである。それに対して、信濃教育出版社の提案している単元の配列と単元を指導するときの時数は、表中の時数欄の数字を見ればよいのである。

たとえば、4月の最初に「学習の準備」という名目の単元が設定されているが、この名称の単元は全国標準の時数はゼロであり、実施する計画にはないのであるが、信濃教育出版社提案の年間指導計画では1単位時間が設定されている。同様に、「学習の準備」の単元に続いて計画されている「1　ものの燃え方と空気」の単元は全国標準の時数は12単位時間であるが、信濃教育出版社提案の年間指導計画では10単位時間が割り振られている。信濃教育出版社の提案する単元「ものの燃え方と空気」では、全国標準の時数よりも2単位時間少なく設定されていることが分かる。

信濃教育出版社提案の年間指導計画では、4月に「学習の準備」の単元と7月に「自由研究」の単元を独自に加えている。4月当初には、いきなり単元「ものの燃え方と空気」の授業を行うのではなく、その単元に入る前に、第6学年でなぜこれらの内容を学ぶのか、その内容を学ぶことによってこれからの生活にどのように役立つのか、等を話したり第6学年の理科を学ぶ上で大切なことを話したりする時間を1単位時間確保する意味があるのであろう。また、

月	単元名	時数	内　容
4月	学習の準備	1 (0)	
	1　ものの燃え方と空気	10 (12)	①ものの燃え方とまわりの空気 ②酸素と二酸化炭素 ③ものが燃えるときの、酸素と二酸化炭素の割合の変化
5月	2　人と他の動物の体	13 (13)	①呼吸のはたらき ②魚や人の食べた物のゆくえ ③心臓と血液の流れ
6月	3　植物のからだとはたらき	9 (10)	①植物の養分 ②植物と水
7月	自由研究	1 (0)	
8月	4　生き物と自然	7 (8)	①生き物と空気 ②生き物と水 ③生き物と食べ物
9月	5　月と太陽	6 (7)	①月と太陽の表面 ②月の形の見え方
10月 11月	6　大地のつくりと変化	16 (16)	①しま模様に見える土地のつくり ②地層のでき方 ③火山のふん火でできた地層 ④土地の変化
12月	7　てこのはたらき	11 (11)	①てこの力の大きさ ②おもりの重さとてこのつり合い ③てこのはたらきを利用した道具 ④ものの重さ（ものづくり）
1月	8　水よう液のはたらき	10 (12)	①炭酸水 ②いろいろな水よう液のなかま分け ③水よう液と金属
2月	9　電気の利用	12 (13)	①電気をつくる ②電気をためて使う ③電気の利用のしかた（ものづくり）
3月	10　人と環境	3 (3)	
		99 (105)	

図 4-10　第 6 学年の年間指導計画の一例
（信濃教育出版社 2010a）（時数欄の数字は単元配当時間数、（　）内の数字は標準配当時間数）

7月に自由研究を1単位時間設定しているが、夏休みに向けて、自分でテーマを設定してどのように観察、実験して、その結果をどのようにして分析、処理していったらよいのか、についての指導を実施する時間を1単位時間確保したのではないであろうか。

さらに、総授業時数が標準よりも6単位時間少ない99単位時間に設定されている。祝日や学校行事で授業を実施できない週があることを考慮してのことである。6単位時間はゆとりの時間として予備的に活用することが可能である。

4） 勤務校の前年度の1年間の総授業時数を確認しよう

さて、あなたが早急に年間指導計画をつくらなければならなくなったり修正をしなければならなくなったりした場合、どのようにしたらよいのであろうか。第6学年の理科の年間指導計画づくりを例に具体的に考えてみることとする。

まず最初に教務主任に聞いて、1年間の理科の総授業時数を確認することである。教務主任は、学校の教育計画を立案したりその他の教務に関する事項について連絡調整したりしながら、あなたをはじめとする他の教諭に対して指導してくれたり助言してくれたりする仕事をしている立場の教諭である。教務主任は、前年度のすべての学年のすべての教科・領域の年間の総授業時数を把握している。教務主任が異動に伴って替わった場合には教頭に尋ねるとよい。必ず保管されている。

総授業時数が分かったら、その単位時間数に合わせて、単元「1　ものの燃え方と空気」から単元「10　人と環境」までをどのような順序で配列したらよいかを考える。その際、4月当初に学習の準備に充てる単元を設定するのかしないのか、7月に自由研究の時間を設定するのかしないのか、を判断しなければならない。

また、10月に配列されている単元「6　大地のつくりと変化」を勤務校周辺の特色ある気候や地質等から、10月ではなくて6月に実施することが望ましいと判断すれば、6月に計画されている単元「3　植物のからだとはたらき」との入れ替えも検討する必要があるのである。特に、季節による気候や植生等の条件によって野外観察が可能になる時期を十分に考慮しながら、年間指導計画の配列を決めていくことが大切である。

また、近隣にある自然科学館や博物館への見学を利用したり自然科学館や博物館の学芸員の方から来校してもらってお話を聞いたりすることを試みようとした場合には、見学時期や来校いただく時期によって単元を入れ替えて実施することも考えなければならない。

さらに、道徳の時間との関連を考え、3月に計画されている単元「10　人と環境」を、内容項目3の「(2)　自然の偉大さを知り、自然環境を大切にする」の実施される時期と関連させるためにいずかの時期に移動させて実施することも可能である。

後述する単元の指導計画づくりとも連動することになるが、これら一連の作業が、年間指導計画づくりである。

小学校の学年複数学級に配属された場合には、おそらく学年で統一して授業を進めることになるのであろうから、年間指導計画をどのようにしたらよいかを学年主任に相談した方がよい。「あなたのプランにしたがって進めてください」と言われたら、あなたのプランにしたがって年間指導計画をつくらなければならない。「学年で揃えて進めましょう」と言われたら、学年主任を中心にしてプランづくりに協力しなければならない。

5）年間指導計画をつくるときに心がけることは何？

年間指導計画づくりに当たって心がけることは、図4-11に示した平成20年3月告示の小学校学習指導要領の「第3　指導計画の作成と内容の取扱い」の7点である（文部科学省 2008a）。これらを年間指導計画に配列したどの単元で配慮するのかを考えながら、年間指導計画づくりを進めていくのである。

前述の小学校第6学年の年間指導計画を例にして、配慮できるところを具体的に考えてそれぞれの単元に当てはめてみたのが図4-12である。

図4-11の①については、各単元の中で観察、実験や自然体験、科学的な体験を充実させたいところを重点的に抽出して設定することが大切である。理科の授業であるからといっても、すべての単元で毎時間、自然体験や科学的な体験をさせることは困難であり、ここの単元ではぜひ充実させたいというところに焦点を絞ることが重要である。どの単元のどの部分で自然体験や科学的な体験をさせるのかを考えることが年間指導計画づくりには欠かせない。

第3　指導計画の作成と内容の取扱い
指導計画の作成に当たっては、次の事項に配慮するものとする。
①第2の各学年の内容を通じて観察、実験や自然体験、科学的な体験を充実させることによって、科学的な知識や概念の定着を図り、科学的な見方や考え方を育成するよう配慮すること。
②観察、実験の結果を整理し考察する学習活動や、科学的な言葉や概念を使用して考えたり説明したりするなどの学習活動が充実するよう配慮すること。
③博物館や科学学習センターなどと連携、協力を図りながら、それらを積極的に活用するよう配慮すること。
④第1章総則の第1の2及び第3章道徳の第1に示す道徳教育の目標に基づき、道徳の時間などとの関連を考慮しながら、第3章道徳の第2に示す内容について、理科の特質に応じて適切な指導をすること。
第2の内容の取扱いについては、次の事項に配慮するものとする。
⑤観察、実験、栽培、飼育及びものづくりの指導については、指導内容に応じてコンピュータ、視聴覚機器などを適切に活用できるようにすること。また、事故の防止に十分留意すること。
⑥生物、天気、川、土地などの指導については、野外に出かけ地域の自然に親しむ活動や体験的な活動を多く取り入れるとともに、自然環境を大切にし、その保全に寄与しようとする態度を育成するようにすること。
⑦個々の児童が主体的に問題解決活動を進めるとともに、学習の成果と日常生活との関連を図り、自然の事物・現象について実感を伴って理解できるようにすること。

図4-11　小学校学習指導要領理科の指導計画の作成と内容の取扱い
（文部科学省 2008a から引用）

　たとえば、単元「1　ものの燃え方と空気」では「③ものが燃えるときの、酸素と二酸化炭素の割合の変化」で気体検知管を初めて使って、物を燃やす前と燃やした後の、空気中の気体の体積の割合を調べる観察、実験を通して科学的な見方や考え方を育てる。単元「2　人と他の動物の体」では「②魚や人の食べた物のゆくえ」で解剖ばさみを使ってサバ等の解剖による科学的な体験を通して概念形成を図る。単元「3　植物のからだとはたらき」では「①植物の養分」で多様な探究を促すことによって、自然の事物・現象についての要因や規則性、関係を推論しながら調べる問題解決の能力を育てる。単元「4　生き物と自然」では「①生き物と空気」で気体検知管を使って、酸素と二酸化炭素の体積の割合の変化を調べる観察、実験を通して科学的な見方や考え方を育てる。

月	単元名	時数	内容	配慮できる所
4月	学習の準備	1 (0)		
	1 ものの燃え方と空気	10 (12)	①ものの燃え方とまわりの空気 ②酸素と二酸化炭素 ③ものが燃えるときの、酸素と二酸化炭素の割合の変化	② ①
5月	2 人と他の動物の体	13 (13)	①呼吸のはたらき ②魚や人の食べた物のゆくえ ③心臓と血液の流れ	② ① ④
6月	3 植物のからだとはたらき	9 (10)	①植物の養分 ②植物と水	①②
7月	自由研究	1 (0)		
	4 生き物と自然	7 (8)	①生き物と空気 ②生き物と水 ③生き物と食べ物	①② ⑤
8月				
9月	5 月と太陽	6 (7)	①月と太陽の表面 ②月の形の見え方	⑤ ①②
10月	6 大地のつくりと変化	16 (16)	①しま模様に見える土地のつくり ②地層のでき方 ③火山のふん火でできた地層 ④土地の変化	①②⑥ ③
11月				
12月	7 てこのはたらき	11 (11)	①てこの力の大きさ ②おもりの重さとてこのつり合い ③てこのはたらきを利用した道具 ④ものの重さ（ものづくり）	 ② ⑦ ①
1月	8 水よう液のはたらき	10 (12)	①炭酸水 ②いろいろな水よう液のなかま分け ③水よう液と金属	② ①
2月	9 電気の利用	12 (13)	①電気をつくる ②電気をためて使う ③電気の利用のしかた（ものづくり）	 ①②
3月	10 人と環境	3 (3)		④⑤
		99 (105)		

図4-12 「第3 指導計画の作成と内容の取扱い」に配慮した第6学年の年間指導計画の一例
（信濃教育出版社2010aを基にして配慮した所の欄を加筆。配慮できるところの欄の番号は図4-11の①～⑦の番号に対応している。）

単元「5　月と太陽」では「②月の形の見え方」で月の形が日によって変わって見える理由について推論し、予想や仮説をもって、モデル実験の方法を計画して探究する能力を育てる。単元「6　大地のつくりと変化」では「①しま模様に見える土地のつくり」で野外に実際に地層観察に出かけて、自然体験させる。単元「7　てこのはたらき」では「④ものの重さ（ものづくり）」で、単元「9　電気の利用」では「③電気の利用のしかた（ものづくり）」で、いずれも、ものづくりを通して科学的な体験を充実させる。単元「8　水よう液のはたらき」では「②いろいろな水よう液のなかま分け」で酸性、中性、アルカリ性の水溶液を扱う観察、実験を通して概念形成を図る。

図4-11の②については、各単元の中から特に重点的に取り組ませるところを特定して抽出しながら、観察、実験の結果を整理し考察する学習活動や、科学的な言葉や概念を使用して考えたり説明したりする学習活動を充実させることが大切である。理科の授業であるからといっても、すべての単元で毎時間、観察、実験の結果を整理し考察する学習活動や、科学的な言葉や概念を使用して考えたり説明したりする学習活動を取り入れることは困難であり、ここの単元ではぜひ充実させたいというところに焦点を絞ることが重要である。どの単元のどの部分で特に充実させるのかを考えることが年間指導計画づくりには欠かせない。

たとえば、単元「1　ものの燃え方と空気」では「①ものの燃え方とまわりの空気」において、集気びんの中でろうそくが燃え続けるにはどうしたらよいのかを考えさせ、燃やし続ける方法を工夫して実験させ、その結果から分析して結論を導き出させる学習活動を展開する。単元「2　人と他の動物の体」では「①呼吸のはたらき」において、はき出した空気と吸う空気はどのように違うのかを考えさせ、はき出した空気と吸う空気がどのように違うのかを調べる方法を工夫して実験させ、その結果から分析して結論を導き出させる学習活動を展開する。

単元「3　植物のからだとはたらき」では「①植物の養分」において、日光に当てた葉と当てなかった葉を比較する意味を理解させた上で、実験の方法を設定させ、得られた結果を正しく記録し、実験結果とそれぞれの結果が得られ

たときの条件を比較させて、葉にでんぷんができたのはどんなときかを考えさせ、植物の葉と日光との関係を正しく推論することができるような学習活動を展開する。

単元「4　生き物と自然」では「①生き物と空気」において、植物を袋に密閉して日光に当て、中の酸素と二酸化炭素の体積の割合の変化を、気体検知管を使って調べ、記録して、その実験結果から分析を加えて結論を導き出す学習活動を展開する。

単元「5　月と太陽」では「②月の形の見え方」において、月の形が日によって変わって見える理由について推論させ、観察結果を基に自分なりの予想や仮説をもたせ、モデル実験の方法を具体的に計画させて、観察結果やモデル実験の結果と関係づけて考えさせ、理由を具体的に表現させる学習活動を展開する。

単元「6　大地のつくりと変化」では「①しま模様に見える土地のつくり」において、実際の野外における地層観察を通して科学的に探究させる学習活動を展開する。単元「7　てこのはたらき」では「②おもりの重さとてこのつり合い」において、てこが水平につり合うときのきまりを、左右のおもりの位置と重さをいろいろと変えて定量的に調べ、結果を表などにわかりやすくまとめて結論を導き出す学習活動を展開する。

単元「8　水よう液のはたらき」では「①炭酸水」において、水溶液には何がとけているかを考えさせ、実験方法を工夫して実験させ、その結果から分析して結論を導き出させる学習活動を展開する。単元「9　電気の利用」では「③電気の利用のしかた（ものづくり）」において、電熱線の太さを変えると、発熱のしかたがどのように変わるかを予想して調べ、電熱線の太さと発熱の関係についてまとめる学習活動を展開する。

図4-11の③については、10～11月にかけて実施する計画となっている単元「6　大地のつくりと変化」の「②地層のでき方」において近隣の自然科学館の学芸員の方からご来校いただき、学級の児童に対して、学校周辺の地域がどのようにできたのかについて話をしてもらう。長野県の場合、信州大学が出前講座を行っているので、長野県内の機関から要請があれば大学の教員

が長野県内の各小学校に出かけていって児童を対象に話をすることのできる環境が整っている。詳しいことは、信州大学のホーム・ページ http://www.shinshu-u.ac.jp/general/delivery/（2011.3.20）を参照されたい。

　図4-11の④については、5～6月にかけて実施する計画となっている単元「2　人と他の動物の体」の「③心臓と血液の流れ」のところで、小学校学習指導要領の道徳の第5学年及び第6学年の内容項目「3　主として自然や崇高なものとのかかわりに関すること」の中の「(1) 生命がかけがえのないものであることを知り、自他の生命を尊重する。」（生命尊重）の道徳の時間と関連させて、生命活動の一端を学ぶことを通して生命の神秘さや生命の大切さを感得させる学習活動を実施することが可能である。

　また、3月に実施する計画となっている単元「10　人と環境」においては、小学校学習指導要領の道徳の第5学年及び第6学年の内容項目「3　主として自然や崇高なものとのかかわりに関すること」の中の「(2) 自然の偉大さを知り、自然環境を大切にする」（自然愛・環境保全）の道徳の時間と関連させて、持続可能な社会の実現に向けて自然とともに共生する人間のあり方や自然を愛する心情を育てる学習活動を実施することが可能である。

　図4-11の⑤については、8月に実施する計画の単元「4　生き物と自然」の「③生き物と食べ物」と、9月に実施する計画の単元「5　月と太陽」の「①月と太陽の表面」と、3月に実施する計画の単元「10　人と環境」において、それぞれインターネットを適切に活用して探究できるようにすることが可能である。

　また、年間指導計画に取り立てて明記されないが、観察、実験、栽培、飼育及びものづくりの指導については、事故の防止に十分留意することが大切である。

　図4-11の⑥については、単元「6　大地のつくりと変化」の「①しま模様に見える土地のつくり」において、野外に実際に地層観察に出かける学習活動を通して、自然環境を大切にし、その保全に寄与しようとする態度の育成を図る。

　図4-11の⑦については、単元「7　てこのはたらき」では「③てこのはた

らきを利用した道具」において、釘抜き、はさみ、穴あけパンチ、パンばさみ、栓抜き、糸切りばさみ等の日常生活で使われている具体的な道具を取り上げながら、実感を伴って理解できるよう学習活動を展開することが可能である。

(3) 中学校の年間指導計画をつくる
 1) 1年間にどれだけの内容を指導するのか？
　次に、中学校では、理科の授業で1年間にどれだけの内容をどのような順序で指導することになっているのだろうか。あなたが中学校に初めて着任して、理科の授業づくりを進めるときには、小学校と同様に、まず第一に年間指導計画をつくらなければならないのである。
　ここでは、中学校の理科がどのような内容をどのような順序で指導するようになっているのかを、中学校学習指導要領及び教科書会社の年間指導計画の配列から見てみることにしよう。各学年でどのような内容を指導するのかは、学習指導要領の各学年ないしは各分野の内容によるので、初めて理科の授業づくりをする場合には、まずあなたが授業づくりをするときに告示されている学習指導要領を確認することから始めなければならない。場合によっては、移行期間に当たっていることもあるので、その場合にはどのような移行措置がなされているのかも確認しておくとよい。
　中学校第1学年を事例に考えてみよう。図4-13は、平成20年3月告示の中学校学習指導要領の理科に示された第1分野の「(1) 身近な物理現象」と「(2) 身の回りの物質」及び第2分野の「(1) 植物の生活と種類」と「(2) 大地の成り立ちと変化」の内容を示している。
　平成20年3月告示の中学校学習指導要領の理科は、第1分野が (1)〜(7) までの7つの内容から構成され、第2分野が (1)〜(7) までの7つの内容から構成されている。第1分野、第2分野ともに、内容の (1) から (7) までのうち、内容の (1) 及び (2) は第1学年、内容の (3) 及び (4) は第2学年、内容の (5) から (7) までは第3学年で取り扱うものとされている。したがって、第1学年で指導する内容は第1分野及び第2分野ともに、内容の (1) と

[第1分野]
(1) 身近な物理現象（物理的領域）
　　身近な事物・現象についての観察、実験を通して、光や音の規則性、力の性質について理解させるとともに、これらの事物・現象を日常生活や社会と関連づけて科学的にみる見方や考え方を養う。
　　ア　光と音
　　　（ア）光の反射・屈折
　　　（イ）凸レンズの働き
　　　（ウ）音の性質
　　イ　力と圧力
　　　（ア）力の働き
　　　（イ）圧力
(2) 身の回りの物質（化学的領域）
　　身の回りの物質についての観察、実験を通して、固体や液体、気体の性質、物質の状態変化について理解させるとともに、物質の性質や変化の調べ方の基礎を身に付けさせる。
　　ア　物質のすがた
　　　（ア）身の回りの物質とその性質
　　　（イ）気体の発生と性質
　　イ　水溶液
　　　（ア）物質の溶解
　　　（イ）溶解度と再結晶
　　ウ　状態変化
　　　（ア）状態変化と熱
　　　（イ）物質の融点と沸点
[第2分野]
(1) 植物の生活と種類（生物的領域）
　　身近な植物などについての観察、実験を通して、生物の調べ方の基礎を身に付けさせるとともに、植物の体のつくりと働きを理解させ、植物の生活と種類についての認識を深める。
　　ア　生物の観察
　　　（ア）生物の観察
　　イ　植物の体のつくりと働き
　　　（ア）花のつくりと働き
　　　（イ）葉・茎・根のつくりと働き
　　ウ　植物の仲間
　　　（ア）種子植物の仲間
　　　（イ）種子をつくらない植物の仲間
(2) 大地の成り立ちと変化（地学的領域）
　　大地の活動の様子や身近な岩石、地層、地形などの観察を通して、地表に見られるさまざまな事物・現象を大地の変化と関連づけて理解させ、大地の変化についての認識を深める。
　　ア　火山と地震
　　　（ア）火山活動と火成岩
　　　（イ）地震の伝わり方と地球内部の働き
　　イ　地層の重なりと過去の様子
　　　（ア）地層の重なりと過去の様子

図4-13　中学校第1分野と第2分野の(1)(2)の内容
（文部科学省2008cから一部引用）

(2) となる。

第1学年の内容を見ると、物理的領域の内容、化学的領域の内容、生物的領域の内容、地学的領域の内容がそれぞれ1つずつ用意されていて、それぞれがバランス良く配分されているといえる。これは第2学年、第3学年においても同じ傾向である。

2) 勤務校の年間指導計画を見せてもらおう

これらの内容をどのような順序で指導したらよいのであろうか。通常、あなたが初めて勤務する中学校に着任したら、理科の教科担任を担当する学年の年間指導計画を確認することが大切である。第1学年と第2学年のみを担当するのであれば、その2つの学年の年間指導計画を、全学年の理科の授業をもつのであれば全学年の年間指導計画を見せてもらう必要がある。

4月初旬の始業式、入学式の日や翌日には学級活動が多く行われる日程になっていると考えられるが、一両日中には理科の授業がある。そのときになって慌てないように、着任したらすぐに、自分の担当する学年の理科の年間指導計画を、必ず、見せてもらうことである。

「理科の年間指導計画を見て、単元配列と指導時数を確認したいんですが、理科の年間指導計画はどこにあるのでしょうか？」と理科主任に申し出る。着任前に引き継ぎのために当該校に行く機会があれば、その時に申し出て年間指導計画をお借りすることができれば申し分ない。あなたが理科主任であったならば、当該校に他に理科教諭がいたらその理科教諭に聞けばよい。他に理科教諭がいなかった場合には教務主任に申し出るとよい。

あなたが勤務する学校の理科の年間指導計画はすでにできているはずである。年間指導計画というのは、当然のことながら、次の年度の1年間でどのような内容をどのような順序でどのようにして指導していくのか（どの単元を何単位時間の時数で指導し、それをどのように1年間の総授業時数の中で配列していくのか）についての計画であるから、前年度中に作成済みなのである。

したがって、着任する前の3学期の2～3月に、前任の理科教諭が、次の年度の年間指導計画を作成し終えている。つまり、あなたが着任したときには、前の担当者が年間指導計画をつくり終えているので、それに沿って授業を

進めれば良いのである。もちろん、4月に着任した後に、あなたのビジョンに基づいて計画を修正することも重要な仕事の一つであることも補足しておかなければならない。

3） 単元はどのように配列されているか

　万が一、理科の年間指導計画がつくられていない事態が判明したら、前述の小学校の場合と同様、早急につくらなければならない。

　ここでは、一般的な理科の年間指導計画のつくり方について述べる。特に、生物的領域や地学的領域の内容に関しては、あなたの勤務する学校の周辺の特色ある気候、地形や地質、植生等を十分に考慮しながら単元配列を決めていかなければならないので、あなたが勤務する中学校が決まったら、その学校周辺の生物的条件や地学的条件について念入りに下調べをしておくことが大切である。

　あなたがいくら理科を専門に学んできたからと言っても、作成されていない年間指導計画をゼロからごく短期間でつくるのは至難の業であるから、つくるに当たっては、一般的な理科の年間指導計画をインターネット上で公開している教科書会社が多いので、それを参考にしてつくることを勧める。

　図4-14は長野県で多く採用されている教科書の会社の公開している平成23年度の中学校第1学年の理科の年間指導計画である（東京書籍2010b）。

　表中の時数欄の数字は単元配当時間数、（　）内の数字は標準配当時間数を表している（東京書籍2010b）。全国標準の時数として一般的に行われる場合には、（　）内の時数を見ればよいのである。それに対して、東京書籍の提案している単元の配列と単元を指導するときの時数は、表中の時数欄の数字を見ればよいのである。

　たとえば、4月の最初に「プロローグ」という名目の単元が設定されているが、この名称の単元は全国標準の時数はゼロであり、実施する計画にはないのであるが、東京書籍提案の年間指導計画では4単位時間が設定されている。同様に、「プロローグ」の単元に続いて計画されている「1　植物の世界」の単元は全国標準の時数は26単位時間であるが、東京書籍提案の年間指導計画では22単位時間が割り振られている。東京書籍の提案する単元「植物の世界」で

月	単元名	時数		内　容
4月	プロローグ	4 (0)		○水の惑星地球
				○春をさがしに
				○野外観察に出かけよう
	1　植物の世界	22 (26)	1	○植物の生活とからだのしくみ
5月			4	第1章　花のつくりとはたらき
			6	第2章　葉のつくりとはたらき
			4	第3章　根と茎のつくりとはたらき
6月			4	第4章　植物のなかま
			1	学習内容の整理／確かめと応用
			2	トライ／科学のとびら／〈発展〉など
	プロローグ	1 (0)		○探求のあしあと
	1　身のまわり	27 (28)	6	第1章　光の世界
7月	の現象		3	第2章　音の世界
9月			12	第3章　いろいろな力の世界
10月			1	学習内容の整理／確かめと応用
			5	トライ／科学のとびら／〈発展〉など
	2　身のまわり	28 (28)	10	第1章　身のまわりの物質とその性質
11月	の物質		6	第2章　水溶液の性質
12月			7	第3章　物質の姿と状態変化
			1	学習内容の整理／確かめと応用
			4	トライ／科学のとびら／〈発展〉など
1月	2　大地の変化	23 (23)	5	第1章　火をふく大地
			5	第2章　ゆれる大地
2月			8	第3章　地層から読みとる大地の変化
3月			1	学習内容の整理／確かめと応用
			4	トライ／科学のとびら／〈発展〉など
		105 (105)		

図 4-14　第 1 学年の年間指導計画の一例（東京書籍 2010b）
（時数欄の数字は単元配当時間数、（　）内の数字は標準配当時間数）

は、全国標準の時数よりも 4 単位時間少なく設定されていて、その分、「プロローグ」に割り当てられていることが分かる。

　また、第 1 分野の「1」の単元、第 2 分野の「1」の単元、第 1 分野の「2」の単元、そして第 2 分野の「2」の単元のように、第 1 分野と第 2 分野の単元が交互に配列されていることも分かる。

　4 月当初には、いきなり単元「植物の世界」の授業を行うのではなく、その

単元に入る前に、地球のすばらしい自然環境を学び、春の動植物を探索に学校周辺に出かけていく計画を盛り込んでいる。また、各単元の終末に必ず、「学習内容の整理／確かめと応用」の時間と「トライ／科学のとびら／〈発展〉など」の時間を３〜６単位時間設定している。この時間を単元の中でのゆとりの時間に充て、予備的に活用することが可能である。

４） 勤務校の前年度の１年間の総授業時数を確認しよう

あなたが初めて第１学年の理科の年間指導計画をつくることになったとしたら、まず最初に教務主任に１年間の理科の総授業時数がどのくらいであったのかを確認するとよい。教務主任というのは、学校の教育計画を立案したり教務に関する事柄について、あなたをはじめとする他の教諭に対して指導してくれたり助言してくれたりする仕事をしている立場の教諭である。したがって、教務主任は、前年度のすべての学年のすべての教科・領域の年間の総授業時数を把握している。

総授業時数が分かったら、その単位時間数に合わせて、単元「１　植物の世界」から単元「２　大地の変化」までをどのような順序で配列したらよいかを考える。その際、４月当初に学習の準備に充てる単元を設定するのかしないのか、プロローグの時間を設定するのかしないのか、を判断しなければならない。

また、１〜３月に配列されている単元「２　大地の変化」を勤務校周辺の特色ある気候や地質等から、３学期ではなくて２学期に実施することが望ましいと判断すれば、10月末から計画されている単元「２　身のまわりの物質」と入れ替えて計画することも検討する必要がある。長野県の場合には、積雪による露頭の被覆及び降雪や積雪に伴う交通事情による実施の中止があり得るだけに、特に、季節による気候や植生等の条件によって野外観察が可能になる時期を十分に考慮しながら、年間指導計画の配列を決めていくことが大切である。

また、近隣にある自然科学館や博物館への見学を利用したり自然科学館や博物館の学芸員の方から来校してもらってお話を聞いたりすることを試みようとした場合には、見学時期や来校いただく時期によって単元を入れ替えて実施することも考えなければならない。

後述する単元の指導計画づくりとも連動することになるが、これら一連の作業が、年間指導計画づくりである。

中学校の学年単学級の場合には、あなた自身のプランにしたがって年間指導計画を作成または修正することができるであろうが、学年複数学級の場合には、おそらく学年で統一して授業を進めることになることから、年間指導計画をどのようにしたらよいかを理科主任に相談した方がよい。「あなたのプランにしたがって進めてください」と言われたら、あなたのプランにしたがって年間指導計画をつくらなければならない。「学年で揃えて進めましょう」と言われたら、理科主任を中心にして理科の教科会（教科部会）で共同でプランづくりを進めなければならない。

5）年間指導計画をつくるときに心がけることは何？

年間指導計画づくりに当たって心がけることは、図4-15に示した平成20年3月告示の中学校学習指導要領の「第3　指導計画の作成と内容の取扱い」の中の①から⑪までの11点である（文部科学省2008c）。これらを年間指導計画に配列したどの単元で配慮するのかを考えながら、年間指導計画づくりを進めていくのである。

前述の中学校第1学年の年間指導計画を例にして、配慮できるところを具体的に考えてそれぞれの単元に当てはめてみたのが図4-16である。

図4-15の①については、3年間の見通しを持った計画を立てたい。たとえば、単元「1　植物の世界」は、第3学年の単元「5　生物の細胞とふえ方」や単元「7　自然と人間」との関連を十分に考慮して生命概念の形成を図る。単元「1　身のまわりの現象」の中の「第3章　いろいろな力の世界」は、第3学年単元「5　運動と力」と関連を図りながらエネルギー概念の形成を促す。単元「2　大地の変化」は第3学年単元「6　地球と宇宙」との関連を十分考慮しながら空間概念の形成を図る。

また、第1学年の中においては、たとえば、単元「1　身のまわりの現象」の中の「第2章　音の世界」における音の振動の伝わり方と単元「2　大地の変化」の中の「第2章　ゆれる大地」における地震波の振動の伝わり方を取り上げながら、両者の関連を考慮しながら波の伝わり方についての科学的な見方

第3　指導計画の作成と内容の取扱い
1. 指導計画の作成に当たっては、次の事項に配慮するものとする。
(1) 各学年においては、年間を通して、各分野におよそ同程度の授業時数を配当すること。その際、各分野間及び各項目間の関連を十分考慮して、各分野の特徴的な見方や考え方が互いに補い合って育成されるようにすること。(①)
(2) 学校や生徒の実態に応じ、十分な観察や実験の時間、課題解決のために探究する時間などを設けるようにすること。その際、問題を見いだし観察、実験を計画する学習活動、観察、実験の結果を分析し解釈する学習活動、科学的な概念を使用して考えたり説明したりするなどの学習活動が充実するよう配慮すること。(②)
(3) 原理や法則の理解を深めるためのものづくりを、各内容の特質に応じて適宜行うようにすること。(③)
(4) 継続的な観察や季節を変えての定点観測を、各内容の特質に応じて適宜行うようにすること。(④)
(5) 博物館や科学学習センターなどと積極的に連携、協力を図るよう配慮すること。(⑤)
(6) 第1章総則の第1の2及び第3章道徳の第1に示す道徳教育の目標に基づき、道徳の時間などとの関連を考慮しながら、第3章道徳の第2に示す内容について、理科の特質に応じて適切な指導をすること。(⑥)
2. 各分野の内容の指導については、次の事項に配慮するものとする。
(1) 観察、実験、野外観察を重視するとともに、地域の環境や学校の実態を生かし、自然の事物・現象を科学的に探究する能力の基礎と態度の育成及び基本的な概念の形成が段階的に無理なく行えるようにすること。(⑦)
(2) 生命を尊重し、自然環境の保全に寄与する態度が育成されるようにすること。(⑧)
(3) 科学技術が日常生活や社会を豊かにしていることや安全性の向上に役立っていることに触れること。また、理科で学習することがさまざまな職業などと関係していることにも触れること。(⑨)
3. 観察、実験、野外観察の指導においては、特に事故防止に十分留意するとともに、使用薬品の管理及び廃棄についても適切な措置をとるよう配慮するものとする。(⑩)
4. 各分野の指導に当たっては、観察、実験の過程での情報の検索、実験、データの処理、実験の計測などにおいて、コンピュータや情報通信ネットワークなどを積極的かつ適切に活用するよう配慮するものとする。(⑪)

図4-15　中学校学習指導要領理科の指導計画の作成と内容の取扱い
（文部科学省 2008c から引用。①から⑪は筆者が加筆）

や考え方を育成する。

　図4-15の②については、各単元の中から特に重点的に取り組ませるところを特定して抽出しながら、問題を見いだし、観察、実験を計画する学習活動、観察、実験の結果を分析し解釈する学習活動、科学的な概念を使用して考えたり説明したりするなどの学習活動が充実するよう配慮することが大切である。

　たとえば、単元「1　植物の世界」の「第2章　葉のつくりとはたらき」で

月	単元名	時数		内容	配慮できる所
4月	プロローグ	4（0）		○水の惑星地球 ○春をさがしに ○野外観察に出かけよう	
5月 6月	1　植物の世界	22（26）	1 4 6 4 4 1 2	○植物の生活とからだのしくみ 第1章　花のつくりとはたらき 第2章　葉のつくりとはたらき 第3章　根と茎のつくりとはたらき 第4章　植物のなかま 学習内容の整理／確かめと応用 トライ／科学のとびら／〈発展〉など	 ④⑥⑧ ② ⑪
7月 9月 10月	プロローグ 1　身のまわりの現象	1（0） 27（28）	 6 3 12 1 5	○探求のあしあと 第1章　光の世界 第2章　音の世界 第3章　いろいろな力の世界 学習内容の整理／確かめと応用 トライ／科学のとびら／〈発展〉など	 ③ ①③ ②
11月 12月	2　身のまわりの物質	28（28）	10 6 7 1 4	第1章　身のまわりの物質とその性質 第2章　水溶液の性質 第3章　物質の姿と状態変化 学習内容の整理／確かめと応用 トライ／科学のとびら／〈発展〉など	②⑨ ④ ⑨
1月 2月 3月	2　大地の変化	23（23）	5 5 8 1 4	第1章　火をふく大地 第2章　ゆれる大地 第3章　地層から読みとる大地の変化 学習内容の整理／確かめと応用 トライ／科学のとびら／〈発展〉など	 ①⑨ ②⑤⑥⑦⑧
		105（105）			

図4-16　「第3　指導計画の作成と内容の取扱い」に配慮した第1学年の年間指導計画の一例
（東京書籍2010bを基にして配慮した所の欄を加筆。配慮できるところの欄の番号は図4-15の①〜⑪の番号に対応している。）

は、光や二酸化炭素等の光合成に必要な要素について、自ら見いだした問題に焦点づけて条件を制御し、観察、実験を計画して行って、得られた結果を分析し解釈する学習活動を展開する。

　単元「1　身のまわりの現象」の中の「第3章　いろいろな力の世界」において、水の深さや物体の体積と浮力がどのような関係になるのかを考えさせ、

実験方法を工夫して実践させ，水にしずむ物体の，空気中での物体の重さと，水中での物体の重さを正確に調べた結果から分析して結論を導き出す学習活動を展開する。

単元「2 身のまわりの物質」の中の「第1章 身のまわりの物質とその性質」において，見ただけでは区別できない白い粉末の物質が何であるかと考えさせ，それを区別する方法について，自分の経験をもとに計画させて，観察，実験の結果から考察して結論を導き出す学習活動を展開する。

単元「2 大地の変化」の中の「第3章 地層から読みとる大地の変化」において，実際の野外における地層観察を通して，露頭や周辺の地形等から問題を見いださせてその解明に向けて調査方法を工夫させて観察，実験を行わせ，地道に集めた結果から分析して科学的に探究させる学習活動を展開する。

図4-15の③については，単元「1 身のまわりの現象」の中の「第1章 光の世界」で牛乳パックカメラ等の簡単なカメラづくりを行ったり，「第2章 音の世界」において楽器づくりを行ったりするものづくりを展開して，光や音についての原理の理解を深めることが可能である。

図4-15の④については，単元「1 植物の世界」の中の「第1章 花のつくりとはたらき」において，マツやスギの雌花がどのようにして変化して種子をつくるのかを一定期間ごとに観察させて，それらの観察記録を被子植物と関連づけながら考察させる学習活動を展開することができる。また，単元「2 身のまわりの物質」の中の「第2章 水溶液の性質」において，溶質が溶媒の中に均一に溶けていく現象を理解させるために，有色の水溶液を使って継続的に観察させることが考えられる。

図4-15の⑤については，1～3月にかけて実施する計画となっている単元「2 大地の変化」の「第3章 地層から読みとる大地の変化」において近隣の自然科学館の学芸員の方からご来校いただき，学級の生徒に対して，学校周辺の地域がどのようにできたのかについて話をしてもらう学習活動が展開できる。長野県の場合，信州大学が出前講座を行っているので，長野県内の機関から要請があれば大学の教員が長野県内の各中学校に出かけていって生徒を対象に話をすることのできる環境が整っている。詳細は，信州大学のホーム・ペー

ジ http://www.shinshu-u.ac.jp/general/delivery/（2011.3.20）を参照されたい。

　図4-15の⑥については、単元「2　大地の変化」の「第3章　地層から読みとる大地の変化」のところで、中学校学習指導要領の道徳の内容項目「3　主として自然や崇高なものとのかかわりに関すること」の中の「(2)　自然を愛護し、美しいものに感動する豊かな心をもち、人間の力を超えたものに対する畏敬の念を深める」（自然愛・畏敬の念）の道徳の時間と関連を図りながら、野外観察による地域地質の解明を通した造山運動や火山活動等の自然の崇高さを感得させる学習活動を実施することが可能である。

　また、単元「1　植物の世界」の中の「第1章　花のつくりとはたらき」において、中学校学習指導要領の道徳の内容項目「3　主として自然や崇高なものとのかかわりに関すること」の中の「(1)　生命の尊さを理解し、かけがえのない自他の生命を尊重する」（生命尊重）の道徳の時間と関連させて、花が種子をつくる生殖器官であることを理解し、生命の神秘さや生命活動の精巧さを感得させる学習活動を実施することが可能である。

　図4-15の⑦については、単元「2　大地の変化」の「第3章　地層から読みとる大地の変化」において、野外に実際に地層観察に出かける学習活動を通して、科学的に探究する能力の基礎と態度を育成するとともに基本的な概念の形成を図る。

　図4-15の⑧については、上記⑥及び⑦に配慮して年間指導計画を作成すると同時に配慮することである。

　図4-15の⑨については、単元「2　大地の変化」の中の「第2章　ゆれる大地」において、地震のP波、S波の解明や地震と活断層との関係の解明、そして地震の起きる原因と地球表層のプレートの動きの解明等が地震の予知や防災システムに応用され、有用的に活用されていることを学ぶ学習活動を展開することが可能である。

　また、単元「2　身のまわりの物質」の中の「第3章　物質の姿と状態変化」において学ぶ蒸留を、アルコール飲料の蒸溜や石油の分留と関連して考えることができる学習活動を実施することができる。同じ単元の中の「第1章　身の

まわりの物質とその性質」においては、日常生活や社会で使用されている代表的なプラスチックの性質と用途について学ぶ学習活動や、金属がCDや缶等の日常生活で多様に使用されていることを学ぶ学習活動を通して、科学技術が日常生活や社会を豊かにしていることを実感を持って理解することができる。

　図4-15の⑩については、年間指導計画に改めて明記するまでもなく、常日頃から観察、実験、野外観察の指導において、特に事故防止に十分留意するとともに、使用薬品の管理及び廃棄についても適切な措置をとるよう配慮することが大切である。

　図4-15の⑪については、単元「1　植物の世界」の「第4章　植物のなかま」において、コンピュータ検索などを基に、広く植物全般のなかま分けにも興味をもち、未知の植物について調べることができるようになる学習活動を実施することが可能である。

第3節　単元の指導計画のつくり方

（1）最初に目標をつくる

　単元の指導計画というのは、どのようにしてつくったらよいのであろうか。

　初めて理科の授業づくりをするあなたにとっては、単元の指導計画をつくってくださいと言われても、「はい、分かりました」とすぐに応じることは難しいことであろう。作成されていない単元の指導計画をゼロからごく短期間に1年間分つくるのは至難の業である。したがって、つくるに当たっては、一般的な単元の指導計画を教師用指導書と呼ばれる教科書会社が教科書に対応させて発行している参考図書を参考にするとよい。もちろん、単元の指導計画があなたの勤務する学校にすべて揃っているかどうかを、小学校の場合は学年主任（あなたが学年主任ならば教務主任に相談してほしい。場合によっては理科専科となるが学年主任に相談すれば間違いない）に、中学校の場合は理科主任（あなたが理科主任ならば教務主任）に相談して、揃っていればそれを参照すればよい。

単元の指導計画をつくるに当たって最初につくるのは、単元の目標である。児童・生徒をその単元でどこまで到達させたいのか、その目標（ゴール）を明確にする作業である。理科の授業づくりに慣れていない人にとっては、どうしても素材（自然の事物・現象そのままの状況のもの）の研究やその教材化（自然の事物・現象を学校の授業に活用できるように工夫、改善すること）に注目してしまって、この目標設定が後回しになることが往々にしてあるが、本末転倒である。必ず最初に、単元の目標を設定し、その目標を全員に到達させるために単元をどのように展開していけばよいのかを考えるのである。

ここでは、小学校第6学年の内容領域「A　物質・エネルギー」の内容項目「(1) 燃焼の仕組み」に対応する単元を例にして、具体的に考えてみることにする。小学校学習指導要領の理科の内容項目「(1) 燃焼の仕組み」においては、物を燃やし、物や空気の変化を調べ、燃焼の仕組みについての考えをもつことができるようにすることがねらいとして示されている（文部科学省 2008a）。

各教科書会社は、内容項目「(1) 燃焼の仕組み」に対応する単元をどのように設定し、目標をどのように立案しているのであろうか。

図4-17は、内容項目「(1) 燃焼の仕組み」に対応する各教科書会社の単元とその目標をまとめたものである。どの教科書会社も、この単元を年間指導計画の最初の単元として4月に設定している。いずれの目標も、学習指導要領に示された内容を踏まえて、児童・生徒をどのような目標にまで到達させたいのかが明確に示されている。

初めて単元の指導計画をつくる作業はなかなか大変な労苦を伴うものなので、これらを参考にするとよい。大切なことは、物を燃やし、物や空気の変化を調べ、燃焼の仕組みについての考えをもつことができるようにするために、どのようなゴールを目標として設定するのかを、最初に必ず自分で決めることである。特に、後述するように、目標は飾り物ではないので、目標を設定したからには全員がその目標を達成したかどうかを責任を持って評価しなければならないことを忘れてはならない。

教科書会社	単元名	単元の目標
東京書籍 (2010a)	1 物の燃え方と空気	物（植物体）を燃え続けさせるにはどうしたらよいかに興味をもち、物が燃えるのに必要な物や物が燃えた後の空気の変化を、見通しをもって調べることができるようにする。また、空気中の酸素には物を燃やすはたらきがあり、物が燃えると空気中の酸素の一部が使われて二酸化炭素ができることをとらえ、物の燃焼と空気の性質や組成の変化を関係づけ、物の質的変化について推論しながらとらえることができるようにする。
啓林館 (2011)	1 ものが燃えるとき	ものの燃焼のしくみについて興味・関心をもって追究する活動を通して、ものの燃焼と空気の変化とを関係づけて、ものの質的変化について推論する能力を育てるとともに、燃焼のしくみについての考えをもつことができるようにする。
大日本図書(2010a)	1 ものの燃え方	物の燃焼のしくみについて興味・関心をもって追究する活動を通して、物の燃焼と空気の変化とを関係づけて、物の質的変化について推論する能力を育てるとともに、それらについての理解を図り、燃焼のしくみについての見方や考え方をもつことができるようにする。
教育出版 (2010a)	1 ものの燃え方と空気	空気中で物を燃やし、物が燃えるときの空気の質的変化を推論しながら調べ、見いだした問題を計画的に追究する活動を通して、物の燃え方についての見方や考え方を養う。
学校図書 (2010a)	1 ものの燃えかたと空気	物の燃焼の変化や働きをその要因と関係づけながら調べ、見いだした問題を多面的に追究したりものづくりをしたりする活動を通して、物の性質や働きについての見方や考え方を育てる。

図4-17　各教科書会社の単元名と単元の目標

（2）目標に照らして評価規準をつくる

目標を設定することができたら、その目標を全員が達成できたかどうかを評価しなければならない。

評価は、達成しなければならないことを目標として設定し、その達成を目指した行動等によって得られた結果と目標とのずれを把握し、目標達成への対応策を講じる営みである（小島2001）。そのときに重要なはたらきをするのが評価規準と呼ばれるものと評価基準と呼ばれるものである。

「何を評価するのか」という評価の目標や行動等の質的な拠り所を示すものが評価規準（Criterion）と呼ばれるものであり、評価規準への達成の状況の程度（level）を判定、解釈するための量的、尺度的な到達度の拠り所となる

評価基準（Standard、達成基準とも言われる）と区別される（小島2001）。

　児童・生徒の学習評価における観点については、平成20年3月告示の学習指導要領を踏まえ、「関心・意欲・態度」「思考・判断・表現」「技能」及び「知識・理解」に整理され、各教科等の特性に応じて観点が示されている（文部科学省2010a）。

　理科の場合、小学校及び中学校ともに、自然の事物・現象に対する学習状況について評価の観点として次の4つが設定され、それらの観点から分析的に把握できるようになっている（文部科学省2010b）。

　　自然事象への関心・意欲・態度
　　科学的な思考・表現
　　観察・実験の技能
　　自然事象についての知識・理解

　自然の事物・現象への関心・意欲・態度は、興味・関心や疑問だけでなく、探求心や自然愛等の情意的な側面と科学的に調べる態度や生命を尊重する態度等の態度的な側面からの評価が必要となる。科学的な思考・表現は、問題を見いだす力、結果を整理し分析する力、既存の概念と関係づけて表現する力が評価される。観察・実験の技能は、観察、実験の計画的技能（計画性、安全性、創意性、条件制御、材料選択等）、観察、実験の操作的技能（器具操作、測定等）、情報処理・分析技能等が評価される。そして、自然事象についての知識・理解は、科学概念の形成や単元の内容に関する知識・理解についての状況を評価する。

　たとえば、小学校学習指導要領第6学年の内容項目「(1) 燃焼の仕組み」に対応する単元であったとしたら、図4-18のような観点別の評価規準をつくることができる。

（3）どのような方針で指導したいのかを決める

　設定した単元の目標に基づいて、あなたが単元をどのような方針で指導していきたいのか、どのような計画でこの単元を進めていきたいのか、あなたの考えを明確にしなければならない。

観点	自然事象への関心・意欲・態度	科学的な思考・表現	観察・実験の技能	自然事象についての知識・理解
評価規準	ものが燃える現象に興味・関心を持ち、意欲をもってものが燃える現象を調べる活動を行い、身のまわりで起こっているものが燃える現象を見直そうとする。	ものの燃え方の違いから問題を見いだし、見通しをもって事象を比較したり、推論したりして調べることによって得られた結果を考察し表現して、問題を解決している。	ものが燃える現象を観察し、実験を計画的に実施し、器具や機器などを目的に応じて工夫して扱うとともに、それらの過程や結果を的確に記録している。	ものが燃える現象の仕組みについて実感を伴って理解している。

図4-18　内容項目「(1) 燃焼の仕組み」に対応する単元の観点別の評価規準

　小学校の年間指導計画づくりのところでも述べたように、当該単元で自然体験や科学的な体験を充実させたい方針なのか、観察、実験の結果を整理し考察する学習活動を充実させたい方針なのか、博物館や科学学習センター等を積極的に活用したいところなのか、道徳の時間等と関連させながら指導したいのか、野外に出かけ地域の自然に親しむ活動や体験的な活動を多く取り入れたい方針なのかを明確に記述する必要がある。
　単元の目標に対するあなた自身の考え方を書くのである。これが単元観とか指導観とか呼ばれるものである。
　たとえば、小学校学習指導要領第6学年の内容項目「(1) 燃焼の仕組み」に対応する単元であったとしたら、次のように設定することができる。
　「本単元では、身近に見られる燃焼現象に着目し、ものが燃えるということはどういうことであるのかについて、ものが燃える現象を観察し、実験を計画的に実施し、器具や機器などを目的に応じて工夫して扱うとともに、それらの過程や結果を的確に記録して、その結果から比較、推論しながら考察、表現し、すべての児童・生徒が自分の言葉で分かりやすく説明できるようになることがねらいである。
　そのために、集気びんの中でろうそくが燃え続けるにはどうしたらよいのかを考えさせ、燃やし続ける方法を工夫して実験させ、その結果から分析して結論を導き出させる学習活動を重視するとともに、初めて使用する気体検知管を

有効に活用し、物を燃やす前と燃やした後の、空気中の気体の体積の割合を調べる観察、実験によって探究する学習活動を展開することを通して、児童の科学的な見方や考え方をより一層育てることができるようにする。

　また、加熱実験や化学反応実験を行ったり気体検知管を取り扱ったりすることから、事故を未然に防止し、環境に配慮して安全に観察、実験を行うことができるようにすればどのようにしたらよいのかについて児童自身が問題意識を持ちながら主体的に探究することができるようにする」。

（4）児童・生徒の実態を記述する

　単元の目標が決まり、それを踏まえてどのような指導観で単元を展開していきたいのかあなたのビジョンが明確になったら、その目標を達成するに当たってあるいはあなたのビジョンを進めていくに当たって、児童・生徒はどのような実態なのであろうか。それを的確に把握して、次に記述するのである。つまり、○○まで達成させたい、そのために○○の方針で展開したいというあなたの考えに対して、児童・生徒はいったいどのような実態なのかを書くのである。

　しかし、初めて理科の授業づくりをするあなたにとっては、児童・生徒の実態を把握することがいちばん難しいことであろう。特に、初めて小学校ないしは中学校に着任する新採用教員のあなたにとっては、児童・生徒の実態といわれても、講師経験がなければ教育実習における経験しか持ち合わせてないのが実情ではないであろうか。まして、着任早々の4月から始まる小学校学習指導要領第6学年の内容項目「(1) 燃焼の仕組み」に対応する単元の指導計画をつくることなどは、それまでの児童・生徒の様子がまったく分からないのであるからなおさらのことである。

　困ったときは、先輩の教師に尋ねることである。小学校第3学年の児童や中学校第1学年の生徒でなければ、前年度に担当した教師に尋ねると教えてくれる。小学校第3学年の児童の場合には前年度の第2学年のときの生活科の授業における様子を教えてもらうとよい。中学校第1学年の生徒の場合には、教務主任ないしは教頭を通じて小学校の時の理科の授業における関連単元での実

態を教えてもらうとよい。5月以降の単元の指導計画について児童・生徒の実態を書くときには、それまでにあなた自身が把握した当該学級の理科の授業における実態を書くことができる。

　それでは、どのような観点から何を教えてもらえばよいのか、どのような観点から何を指導計画に記述すればよいのであろうか。

　単元の目標達成に必要なことがらが、単元に入る前にどの程度習得されているのかを事前に把握して記述するのである（図4-19）。それは、先に挙げた理科における学習状況に関する4つの観点につながるものである。

自然事象への関心・意欲・態度
　・興味・関心、疑問、探求心、自然愛の実態
　・科学的に調べる態度や生命を尊重する態度の実態
科学的な思考・表現
　・問題を見いだす力の実態
　・結果を整理し分析する力の実態
　・既存の概念と関係づけて表現する力の実態
観察・実験の技能
　・観察、実験の計画的技能（計画性、安全性、創意性、条件制御、材料選択等）
　・観察、実験の操作的技能（器具操作、測定等）
　・情報処理・分析技能
自然事象についての知識・理解
　・単元に関連する既習の内容に関する知識・理解の実態
　・単元で扱う自然の事物・現象に関して事前に有する知識・理解の実態

図4-19　児童・生徒の実態を調査する観点

　小学校学習指導要領第6学年の内容項目「(1) 燃焼の仕組み」に対応する単元の場合は、図4-20のような観点から調査する。

　次に、どのような方法で調査するのであろうか。

　児童・生徒の様子を直接観察したり児童・生徒に対して直接調査したりできない場合には、前述の先輩教師への聞き取り調査による把握が有効である。児童・生徒の様子を直接観察したり児童・生徒に対して直接調査したりできる場合は図4-21のような方法による。

　さまざまな観点や方法によって把握された児童・生徒の実態は、実際の指導

> 自然事象への関心・意欲・態度
> ・生活の中でものを燃やす体験の有無
> ・ものが燃える現象に対する興味・関心、疑問、探求心の実態
> ・科学的に調べる態度の実態
> 科学的な思考・表現
> ・比較、要因抽出、条件制御の問題解決の能力の実態
> 観察・実験の技能
> ・観察、実験を計画し、実際に器具を操作する技能の実態
> ・観察、実験の結果を処理、分析する技能の実態
> 自然事象についての知識・理解
> ・粒子概念として、第4学年で学習した「空気と水の性質」の内容の定着度
> ・燃焼現象に関する知識・理解の実態

図4-20　内容項目「(1) 燃焼の仕組み」に対応する単元における児童・生徒の実態を調査する項目例

> ・授業中の児童・生徒の発話と行動を直接観察したり、授業中の様子を録画・録音して再生したりしながら、分析して把握する。
> ・児童・生徒の記録したワークシートやポートフォリオ等を分析して把握する。
> ・アンケート等の質問紙によって書かれた内容から把握する。

図4-21　児童・生徒の実態を把握する方法

に生かされてこそ価値を有する。上記による把握によって、児童・生徒の有する可能性を十分に伸ばすことができる学習活動を展開する具体的な手立てを講じることが大切である。

(5) 具体的な手立てを考える

　児童・生徒の実態が明らかにできたら、そのような実態の児童・生徒を、到達させたい目標まで達成させるのにどのような手立てを講じたらよいのかを考えて、より具体的に企画する。

　企画する視点は、指導方法、教材、学習形態の3つである。どのような指導方法を企画するのか、どのような教材を工夫することを企画するのか、どのような学習形態で学習を展開するのかを明記するのである。

　たとえば、先に小学校学習指導要領第6学年の内容項目「(1) 燃焼の仕組

み」に対応する単元で、指導計画を作成する際に配慮する事柄として2つ挙げたが、児童の実態として問題解決の能力が十分に習得できていないとすれば、それを具体的な手立てとして企画することが考えられる。

図4-22は、指導計画作成上の配慮事項の②に対応する、観察、実験の結果を整理し推論しながら考察する学習活動の充実を重視する具体的な手立ての1つと、指導計画作成上の配慮事項の①に対応する、科学的な体験を重視する具体的な手立ての1つを示している。

---

(1) 観察、実験の結果を推論しながら考察する学習活動の充実
　黒く覆ったペットボトルの中で火が消えてしまうろうそくの現象を提示し、底を切り落としたペットボトルの中でろうそくが燃え続けるにはどうしたらよいのかを考えさせ、燃やし続ける方法を児童なりに工夫して考えさせる。ペットボトルの必要な箇所に自由に穴を開けたり自由に切り取らせたりしながら、見通しを持った実験を促す。自分が工夫して行った実験の結果やまわりのグループが試みた実験の結果を情報交換しながら、得られた結果を分析し、結論を導き出すことができるような学習活動を展開する。
(2) 科学的な体験の充実
　本単元では、気体検知管を児童一人ひとりが初めて使用する。児童は二酸化炭素を検知するものとして石灰水を扱っているが、ここでは気体検知管を使って二酸化炭素を検知する学習活動を展開する。また、空気が燃えるときの酸素と二酸化炭素の割合をものを燃やす前後で気体検知管を使って実験し、両者の結果を比較して、ものが燃えた後の空気と元の空気との質的な違いについて推論することができるような展開を工夫する。

図4-22　内容項目「(1) 燃焼の仕組み」に対応する単元の具体的な手立ての一例

一方、生活の中でものを燃やす体験が不足していて、それを重点的に単元の中で体験させながら展開できるように具体的な手立てを計画することもできる。たとえば、アルミ缶の側面に窓をあけたところにTPシートを貼り付け、ろうそくが燃える様子を見えるようにした手づくりランタンを教材として、ランタンの火が燃え続けるための条件について予想を立てて実験して探究する学習活動を展開することも考えられる。単元末には、ものづくりと関連させながら、自分のランタンづくりを行うこともできる。

（6）単元全体の展開計画をつくる

　単元全体の指導の流れ（展開計画）をつくるに当たっては、具体的な手立てを単元の中のどの部分で重点的に計画するのかが分かるように心がけることである。

　図4-23は、各教科書会社の小学校学習指導要領第6学年の内容項目「(1) 燃焼の仕組み」に対応する単元の指導の流れ（主な学習活動とそれに充てる時数）を示している。集気びんの中でろうそくが燃え続けるにはどうしたらよいのかを考えさせて探究を促す展開の学習活動が、いずれも単元の前半に位置づけられている。このことからも、この単元では、観察、実験の結果を整理し推論しながら考察する学習活動を充実させることが期待されているといえる。

　単元全体の指導の流れを考えるに当たっては、この単元の計画を作成する際にどのようなことに配慮すべきなのかを十分に考慮する。そして、単元をいくつかの小単元に分ける際に、それぞれの小単元に何単位時間の時数を割り振ることが有効なのかを検討した後に、単元全体のバランスを考慮して指導の流れを決めるのである。

　図4-23から、内容項目「(1) 燃焼の仕組み」に対応する単元は、いくつかの小単元に分かれていることが分かる。3つの小単元に分けて構想されている単元もあれば、2つの小単元に分けて構想されている単元もある。また、ほぼ均等の時数を割り振って展開する構想になっている単元もあれば、後半の小単元に重点的に時数を配分してある単元の指導の流れもある。単元全体の時数も7単位時間から10単位時間までの計画になっている。それぞれにそれぞれの良さがある。

　また、単元の流れとしては、図4-24のように2通り考えられる。「①ものが燃え続ける（ものを燃やし続ける）にはどうしたらよいか→②ものを燃やすはたらきのある気体は何か→③ものが燃えた後はどうなるのか」の流れと、「①ものが燃え続ける（ものを燃やし続ける）にはどうしたらよいか→②ものが燃えた後はどうなるのか→③ものを燃やすはたらきのある気体は何か」の流れである。

　中学校での学習を関連づけて、燃焼という化学変化が、物体に酸素が結合し

第4章 指導計画をつくる　77

教科書会社	単元名	時数	主な学習活動
信濃教育出版社 (2010a)	1 ものの燃え方と空気	10 (12)	①ものの燃え方とまわりの空気 ②酸素と二酸化炭素 ③ものが燃えるときの、酸素と二酸化炭素の割合の変化
東京書籍 (2010a)	1 物の燃え方と空気	7 (8) 1 1 1 1 1 1 1	第1次 物が燃え続けるのはどんなときか ・物を燃やし続けるにはどうすればよいかを考え、話し合う。 ・集気びんの中でろうそくを燃やし続ける方法を調べ、物が燃えるためには、空気が必要であることをまとめる。 ・窒素、酸素、二酸化炭素のうち、物を燃やすはたらきがある気体はどれかを調べ、まとめる。 第2次 物が燃えると空気はどうなるか ・物が燃えた後の空気がどうなるか、石灰水で調べる。 ・物を燃やす前と燃やした後の、空気中の気体の体積の割合を調べる。 ・物が燃えると酸素の一部が使われて二酸化炭素ができることをまとめる。 ・物が燃えるときの空気のはたらきについて、学習したことをまとめる。
大日本図書 (2010a)	1 ものの燃え方	8 2 1 1 2 1 1	1 ものの燃え方と空気 ○びんの中で燃えるようすと空気の動き 　・びんの中に入れたろうそくがどうしたら燃え続けるか調べて記録する。 ○空気の中の気体 ○物を燃やすはたらきのある気体 2 ものが燃えるときの空気の変化 ○物が燃えたあとの空気 ○空気をなくして木を熱してみよう ○振り返り
啓林館 (2011)	1 ものが燃えるとき	9 (10) 2 2 2 2 1	第1次 ものを燃やすくふう (1) どんなときに、ものはよく燃えるのだろうか。 (2) 缶の下のほうに穴を開けるとよく燃えるのは、どうしてだろうか。 第2次 ものが燃えるときの変化 (1) ものが燃える前と燃えた後では、空気の成分に、違いがあるのだろうか。 第3次 酸素のはたらき (1) 酸素には、ものを燃やすはたらきがあるのだろうか。 まとめ・力だめし
教育出版 (2010a)	1 ものの燃え方と空気	8 (9) 4 4 (1)	1. ものを燃やすはたらき ・空き缶の中の木片がよく燃えるように方法をいろいろと工夫して調べる。 ・窒素、酸素、二酸化炭素に物を燃やす性質があるかどうかを調べる。 2. ものを燃やしたときの変化 ・物が燃えたあとの空気ともとの空気との質的な違いについて考える。 ・木片を燃やす前後で空気の違いを調べる。 ○　身のまわりのものを調べよう

学校図書 (2010a)	1 ものの燃えかたと空気	10	2	①ろうそくが燃える前と後の空気を比べてみよう ・ろうそくは蓋をした集気びんの中で燃え続けることができるでしょうか。 ・火が消えたのはなぜでしょうか。びんの中の空気はどうなっているのでしょうか。
			2	②ものを燃やすはたらきのある気体は何だろう ・空気にふくまれている気体の中でものを燃やすはたらきのある気体はどれでしょうか。
			6	③ものが燃えるとどんな変化が起こるだろう ・ものが燃えた後、二酸化炭素ができているか調べてみましょう。また、ものが燃えた後、ものはどのように変化するでしょうか。 ○ものを燃やし続けるにはどのようにしたらよいだろう

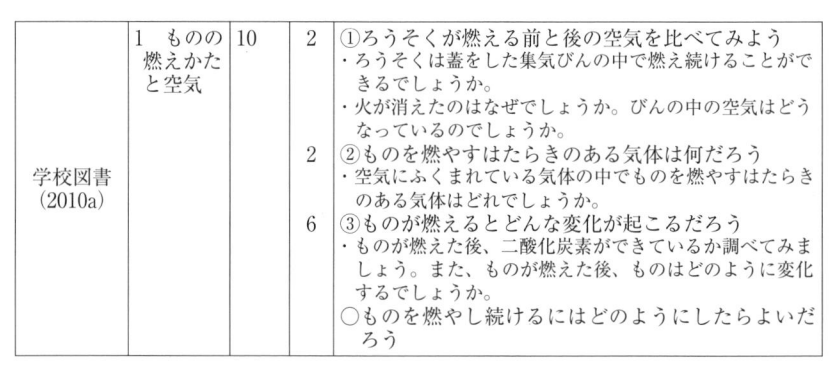

図4-23　各教科書会社の内容項目「(1) 燃焼の仕組み」の単元、時数、主な学習活動
（時数欄の数字は単元配当時間数、（　）内の数字は標準配当時間数）

〈燃焼に酸素が使われることを先に学ぶ流れ〉
　①ものが燃え続ける（ものを燃やし続ける）にはどうしたらよいか。
　②ものを燃やすはたらきのある気体は何か。
　③ものが燃えた後はどうなるのか。
〈燃焼後に二酸化炭素が生じることを先に学ぶ流れ〉
　①ものが燃え続ける（ものを燃やし続ける）にはどうしたらよいか。
　②ものが燃えた後はどうなるのか。
　③ものを燃やすはたらきのある気体は何か。

図4-24　内容項目「(1) 燃焼の仕組み」の単元の2通りの流れ

て光と熱を出す化合であることを特に理解させたいのであれば前者を選ぶのではないであろうか。一方、炭素と水素を含む化合物が燃焼することによって水と二酸化炭素が生じることを特に理解させたいと考えたならば後者を選ぶであろう。

　あなたなら、どちらの流れで企画するであろうか。それは、単元の目標を達成するためにどのような単元観をもって指導計画をつくろうとしているのか、児童の実態（ここでは小学校の事例を取り上げているので児童の実態であるが、中学校の場合は生徒の実態となる）はどのようなものであるのか、そしてどのような実態の児童（中学校の場合は生徒）に対してどのような教材化を図ろうとしているのかによっても異なってくる。たとえ、初めての理科の授業づ

くりとはいっても、児童・生徒のために、あなたは最善の方策を選ばなければならない。

単元の指導計画を作成する際には、学習指導要領に示された目標は共通であるが、その目標を達成するために、どのような単元観を持って臨むのか、どのような児童・生徒の実態があるのか、その実態からどのような具体的な手立てを必要とするのか、そしてどのような流れで単元を展開するのかについて、単元を計画する教師の見通しを持った企画力や創意工夫が大いに発揮されるのである。

年間の他の単元に配分する時数とのバランスや年間の総授業時数とのバランス、そして指導計画作成上の配慮事項をどの単元のどこで重点化するのかのバランス等を考えながら、子どもたちのためにより良いものをつくっていくことが大切である。

以上述べてきたように、単元の指導計画づくりの手順をまとめると、図4-25のようになる。

---

①単元の目標を設定する。
②目標を全員が達成したかどうかを評価する評価規準を設定する。
③単元観を記述する。
④児童・生徒の実態を記述する。
⑤指導方法や教材の工夫等の具体的な手立てを設定する。
⑥単元全体の展開計画をつくる。

図4-25　単元の指導計画づくりの手順

第5章

授業の構想のしかた

第1節　本時の授業の構想のしかた

　本時というのは、授業を実践するあるいは授業を公開する単位時間を言い表す表現であり、単元の中の何単位時間目に位置づけられているのかについては、単元の指導計画中に示される。初めて理科の授業づくりをするあなたにとっては、聞き慣れない表現かもしれないが、日々、理科の授業をしている教師にとっては、毎単位時間が本時に相当することになる。
　それでは、本時、つまり授業を実際に展開する単位時間はどのように構想したらよいのであろうか。
　最初に決めなければならないことは、単元の指導計画づくりの時と同じように本時（授業）の目標である。本時の目標は、その授業の方向性を決定づける大きな要因となるのである。本時の目標の策定に続いて、具体的な手順は次のとおりである。長野県の場合、本時の主眼という表現が使われるのでここではそれに従うこととする。

（1）本時（授業）の主眼（目標・ねらい）を決める
　本時で児童・生徒に何を身に付けさせたいのかを、最初にしっかり決める。理科では、学習状況を把握する観点として、自然事象への関心・意欲・態

度、科学的な思考・表現、観察・実験の技能、自然事象についての知識・理解の4つがあるが、本時の主眼を考える際にはすべての観点を達成させようとするような主眼をつくったとしても児童・生徒がそれを1単位時間の中ですべて達成することは難しい。それ以上に、あなたがそれらをすべて評価することは困難である。

　したがって、本時の主眼を作成するときには、自然事象への関心・意欲・態度、科学的な思考・表現、観察・実験の技能、自然事象についての知識・理解のいずれにするのかを熟慮した上で焦点を絞ることが必要である。それも1つの観点からの主眼に絞るのか、2つの観点からの主眼に絞るのかを決めなければならない。

　たとえば、内容項目「(1) 燃焼の仕組み」に対応する単元「1　ものの燃え方と空気」(信濃教育出版社 2010a)の第1次「①ものの燃え方とまわりの空気」の第1時にはふたをしたびんとふたをしないびんの中でそれぞれ火のついたろうそくを燃やして、火のついたろうそくがそれぞれどのような変化をするのかを学ぶ学習活動を展開することが構想できるが、その第1時の主眼として、「ふたをしないびんの中のろうそくの火が燃え続け、ふたをしたびんの中のろうそくの火はやがて消えることを説明することができる」を設定することが考えられる。

　これは、自然事象についての知識・理解に対応する主眼である。主眼をこの1つに絞るのか、それとも「ふたをしないびんの中のろうそくの火が燃え続け、ふたをしたびんの中のろうそくの火はやがて消えることに興味・関心を持つとともに、それについて説明することができる」と、自然事象への関心・意欲・態度と自然事象についての知識・理解の2つに主眼を絞るのかを決めなければならない。

　初めて理科の授業づくりに挑戦するあなたには、1つに絞ることを勧める。2つにした場合の弊害として、すべての児童・生徒が2つの目標を達成したかどうかを正確に、精密に評価することは経験を積んだ教師にとっても難しいことによる。

　初めて理科の授業づくりをするあなたにとって重要なことは、次の点である。

【重要】本時の授業づくりを行う際には、必ず、本時の主眼（目標、ねらい）を最優先で決めることである。

（2） 本時（授業）の主眼に対応する評価規準を決める

　本時（授業）の主眼（目標、ねらい）を設定することができたら、その主眼（目標、ねらい）を児童・生徒全員が達成できたかどうかを評価しなければならない。主眼（目標、ねらい）を達成できたかどうかを評価する質的な拠り所となるものが評価規準である。

　そのためには、本時の主眼（授業の目標）が決まったら、それを達成した場合に本時の終了時には児童・生徒がどのような様態になっていれば良しとするのかを判断して設定する。評価規準は、本時の主眼を達成した児童・生徒の様態をイメージしてつくるのである。

　評価規準を設定するときには、本時の主眼（目標、ねらい）と一致させることを考えることがポイントである。

　たとえば、「○○を説明することができる」という目標を設定したのであれば、「○○を説明することができたかどうか」が評価規準となる。説明することができたかどうかは、説明できたのであれば目標を達成したと判断できるし、説明できなかったのであれば目標を達成できなかったと判断できる。

　したがって、評価規準をつくるときは、初めて理科の授業づくりをするあなた自身が具体的に評価することのできる表現にすることを心がけるべきである。「興味・関心を持つことができる」という目標に設定した場合、あなたは児童・生徒が興味・関心を持つことができたかどうかをどのようにして評価するのであろうか。具体的に評価できないとすれば、目標の見直しをするか、ないしは具体的に評価できる評価規準を作成することができたらそれを目標とすべきである。

　一方、評価規準は「児童・生徒にとっての本時のゴール」となるものであり、授業をするあなたにとっては「本時のまとめ」となるものである。児童・生徒にとって本時の授業のゴールとなるものであるだけに、より具体的な表現にするべきである。評価規準を具体的にすることができれば、それだけ本時の

主眼（目標、ねらい）が具体的になっているということの証でもある。

　ここで最も気をつけなければならないことは、児童・生徒にとってのゴールと授業者であるあなたが設定する評価規準がぶれないことである。ぶれることによって、児童・生徒が本時のゴールに到達したと思っていることと、授業者であるあなたが「児童・生徒が本時の目標を達成した」と判断する拠り所となる評価規準が一致しなくなるからである。授業者であるあなたが目標を達成したかどうかを判断しようとしたら、児童・生徒が違うゴールに達していたために、全員が本時の目標を達成できなかったという評価になりかねないことが危惧される。したがって、本時の主眼と評価規準が一致しているかどうかを常に確認する必要がある。

　たとえば、本時の主眼（目標、ねらい）を
「ふたをしないびんの中のろうそくの火が燃え続け、ふたをしたびんの中のろうそくの火はやがて消えることを説明することができる」
としたならば、評価規準は
「ふたをしないびんの中のろうそくの火が燃え続け、ふたをしたびんの中のろうそくの火はやがて消えることを説明することができる」
とすることが望ましい。

　初めて理科の授業づくりをするあなたにとって重要なことは、次の点である。

【重要】評価規準が決まったら、本時の主眼（本時の目標、本時のねらい）と一致しているかどうかを必ずチェックする。

（3）学習課題（疑問を解決しなければならないものとして、児童・生徒が自らに課した問題）を決める

　学習課題を設定するときには、評価規準との関連を基に考えることがポイントである。

　学習課題を設定するに当たっては、評価規準を達成するためには何を使ってどのように調べさせたらよいかを考えて行う。この段階になって初めて、何を使うのか（教材の吟味）、どのように探究させるのか（多様な探究方法の吟味）が決まる。

学習課題を設定し終えたら、あなたの設定した学習課題に取り組んだ児童・生徒が、あなたの設定した評価規準に全員到達できるかどうか（後述する学習問題を解決することができるかどうか）を自己モニターしてみるとよい。あなたの設定した評価規準に到達できないような学習課題であったとしたら、それは学習課題として十分ではないので、学習課題を設定し直さなければならないと考えるべきである。

　その意味においては、どの教材をどのように使ってどのように探究していくことによって評価規準に到達できるのかが児童・生徒に具体的に伝わるように、学習課題を設定しなければならないといえる。あなただけが理解していて一方的に学習課題を設定しても、その学習課題に取り組む児童・生徒にその意味するところが理解されないようでは学習課題とはいえない。

　長野県内の学校現場では、学習課題がすわるという表現がなされることがある。「学習課題がすわる」という表現は独特な教育用語であるが、設定した学習課題が児童・生徒全員に理解される状況に至ったことを表している。学習課題がすわったということは、学習課題が児童・生徒全員に理解されたということであるから、学習課題設定後においては、授業者が逐一指示を出さなくても児童・生徒が自分で主体的に探究活動を展開していく様態が自然発生することをも意味する。

　したがって、学習課題が設定されたら、その後は児童・生徒自身が自主的、かつ主体的に探究を始め、結論づけるということである。換言すれば、学習課題設定後に児童・生徒の中で自主的、主体的に探究できていない児童・生徒が1人でもいるようであれば、それは学習課題がすわっていない、つまり学習課題が児童・生徒全員に理解されている状況に至っていない証なのである。そのような学習課題は十分とはいえない。それだけ、1単位時間の授業の中における学習課題の設定までの過程が極めて重要な位置づけだということである。

　学習課題が理解できない児童・生徒が誰もいなくなる状況に至らせるためには、学習課題を極力、児童・生徒の思考の流れの中から出される表現によって設定することである。児童・生徒自身の言葉で表現したものをいかに授業者が考えている評価規準の表現に近づけていくかが、授業者の授業展開力の力量の

見せ所ともいえる。

　一般的に、学習課題は「○○を使って、◎と◎とを比較して（あるいは「関係づけて」等）、□□を調べよう」と表現されることが多い（図5-1）。「顕微鏡を使って、染色前のオオカナダモと染色後のオオカナダモとを比較して、光合成がどこで行われるのかを調べよう」のように表現される。この場合、「オオカナダモ」も「何を使うのか（教材の吟味）」に相当する。また、「顕微鏡」が観察、実験に使用する器具であり、広義の意味で「何を使うのか（教材の吟味）」に相当する。「染色前のオオカナダモと染色後のオオカナダモとを比較して」が「どのように探究させるのか（多様な探究方法の吟味）」に相当する。そして、「光合成がどこで行われるのか」が学習問題である。

```
（教材や観察、実験器具等）を使って、
（◎と◎と）を比較して、
　　　　　を関係づけて、
　　　　　を条件制御して、
　　　　　を測定して、
　　　　　をグラフにして、
　　　　　をモデルにして、
　　　　　から推論して、
　　　　　を分析して、
（学習問題）を調べよう。
```

図5-1　一般的に表現される学習課題

　このような適切に設定された学習課題に取り組むと、その結果、
　　授業者：全員が本時の主眼が達成できたことを評価規準によって評価する。
　　児童・生徒：学習問題が解決される。
ことが成果として現れるのである。
　たとえば、評価規準を
「ふたをしないびんの中のろうそくの火が燃え続け、ふたをしたびんの中のろうそくの火はやがて消えることを説明することができる」
としたならば、学習課題は
「ふたをしないびんとふたをしたびんの中のろうそくの燃え方を比べ、ふたを

しないびんの中のろうそくの火とふたをしたびんの中のろうそくの火がどうなるかを調べよう」
として設定することが考えられる。

　初めて理科の授業づくりに臨むあなたが学習課題を設定するときに配慮すべきことは、授業で使用する教材と探究方法である。多くの時間を割いて教材研究を進めることは意義あることであるが、通常、授業で使用する教材の選択が授業者によって決められるだけに、多様な理解を示すすべての児童・生徒に対してそれがすべて有効に機能するとは限らないことを理解しておくことである（三崎 2010）。

　同様に、学習形態や指導方法についても単位時間の中で多様に設定することが可能であるが、それらがすべて有効に機能するとは限らない（三崎 2010）。せめて、学習課題が児童・生徒全員に理解されたら、あとは児童・生徒一人ひとりが多様に探究する上で必要となる環境を十分に整えて、有能な児童・生徒に本時の主眼達成に向けた自由な探究活動の推進を任せてみてはどうであろうか。初めて理科の授業に臨むあなたが驚くほど活躍する姿を見ることができるであろう。

　初めて理科の授業づくりをするあなたにとって重要なことは、次の点である。

【重要】学習課題に取り組むことによって、評価規準に到達できるかどうかを必ずチェックする。

（4）学習問題（問題意識として表出する疑問）を決める

　学習問題を設定するときには、学習課題との関連を基に考えることがポイントである。

　学習課題に導くためには、どのような学習問題（疑問）を提示したらよいかを考えて、評価規準と整合させて設定するのである。あなたが児童・生徒であったら、示された学習問題からどのようにしたら学習課題につなげられるのかを考えながらつくるとよい。

　たとえば、学習課題を
「ふたをしないびんとふたをしたびんの中のろうそくの燃え方を比べ、ふたを

しないびんの中のろうそくの火とふたをしたびんの中のろうそくの火がどうなるかを調べよう」
としたならば、学習問題は
「ふたをしないびんの中のろうそくの火とふたをしたびんの中のろうそくの火はどうなるでしょうか？」
として設定することが考えられる。

　学習問題は、児童・生徒に対して問題意識として表出する疑問を持たせることになるため、「○○はどのようになるであろうか？」と、提示した自然の事物・現象を探究するとどのような結論を得られそうなのかについて相手に投げかけるような発話表現として表現されることが多い（図5-2）。あるいは、「なぜ、○○になるのだろうか？」のように、理由を問う表現にして、それを探究することによって理由が解決できるであろうという投げかけの発話表現として表現されることもある（図5-2）。いずれも、この学習問題が設定された後に、児童・生徒が自ら根拠をもって予想をしたり仮説を立てたりことのできるものとして設定される。

・○○はどのようになるであろうか？（提示した自然の事物・現象を探究するとどのようになるのか疑問を持たせる）
・なぜ、○○になるのであろうか？（提示した自然の事物・現象が見られる理由を尋ねる）

図5-2　一般的に表現される学習問題

　初めて理科の授業づくりをするあなたが学習問題を設定するときに注意しなければならないことの一つは、学習問題として、児童・生徒が根拠もなく予想できるような疑問の投げかけにならないようにすることである。
　たとえば、「リトマス紙の色は変わるであろうか？」という学習問題を設定しようと考えたとしよう。この場合、児童・生徒は色が変わるかどうかを問われることになる。確かに、児童・生徒にとっては、色は変わるのであろうかという疑問を持つことができるかもしれない。しかし、考えてほしい。その場合、色が変わるか変わらないかは根拠がなくても予想したり仮説を立てたりすることが可能である。予想しましょうと言われたら、児童は「変わる」と

か「変わらない」という回答しか返ってこないことが危惧される。往々にして、そのような場合に授業者が理由を尋ねると「なんとなく」とか「よく分からないけど」等という回答しか返ってこなくて困ってしまうのである。

これでは、学習問題として十分とはいえない。学習問題を考え直さなければならない。せめて、「リトマス紙の色はどのようになるであろうか？」や「リトマス紙の色が変わるのはなぜであろうか？」として、児童・生徒に根拠を持って予想をしたり仮説を立てたりすることができるように工夫することが肝要である。

一方、学習問題は児童・生徒全員に対して、納得の上で理解させなければならない。つまり、児童・生徒全員に対して、問題意識として表出する疑問を持たせなければならない。1人の例外もなく、である。学習問題を理解することのできない児童・生徒が誰もいなくなる状況に至らせるためには、学習問題を極力、児童・生徒の思考の流れの中から出される表現によって設定することである。

児童・生徒自身が自分の言葉で授業者の期待する学習問題の表現に近づけることのできるような事象提示をすることができるか、そして、児童・生徒自身の言葉で表現したものをいかに授業者が考えている学習課題の表現に近づけていくかが、授業者の授業展開力の力量の見せ所ともいえる。したがって、事象提示→学習問題→学習課題の一連の流れが、理科の授業づくりの中で最も重要な意味をなすのである。

ところで、評価規準が児童・生徒に示される授業が実践されることはほとんどないので、児童・生徒にとっては、授業の展開の過程で示される学習問題が当該授業で解決すべき疑問となる。一般的には、その学習問題が解決されたところで授業者はまとめをするが、そのまとめは児童・生徒にとっては学習問題に対するまとめである。一方でそれは、授業者にとっては本時の主眼に対するまとめでもある。本時の主眼に対するまとめということはそれは評価規準が可視化されたものであると換言できる。したがって、学習問題は評価規準と整合していなければならない。

たとえば、評価規準を、

「ふたをしないびんの中のろうそくの火が燃え続け、ふたをしたびんの中のろうそくの火はやがて消えることを説明することができる」

と設定したのであれば、学習問題はそれに整合するように

「ふたをしないびんの中のろうそくの火とふたをしたびんの中のろうそくの火はどうなるでしょうか？」

とする。

　初めての理科の授業づくりを始めるあなたにとっては、「えーっ、そんなことがあるんですか？」と思われるかもしれないが、学習問題と評価規準がずれている授業を参観することがよくある。学習問題と評価規準がずれているとどのようなことが起こるのであろうか。

　学習問題と評価規準は、

　学習問題：児童・生徒が授業で解決すべき疑問。

　評価規準：授業者が本時の主眼を達成できたかどうかを評価する質的拠り所。

であるから、児童・生徒が向かうゴールと授業者が評価しようとして待っているゴールという関係になるのである。

　たとえば、学習問題と評価規準が次のように設定されたとしたらどうであろうか。

　学習問題：「ふたをしないびんの中のろうそくの火とふたをしたびんの中のろうそくの火はどうなるでしょうか？」

　評価規準：「ものを燃やすはたらきがある気体が酸素であることを説明することができる」。

　そんなことはあり得ないと一笑に付されるかもしれないが、現実にはよくある授業のパターンである。経験のある理科の教師でさえ、そうなのである。児童・生徒は授業者から示された学習問題の解決に向けて探究し、結論を出す。その結論は「ふたをしないびんの中のろうそくの火が燃え続け、ふたをしたびんの中のろうそくの火はやがて消える」となることであろう。

　しかし、授業者の評価規準は「ものを燃やすはたらきがある気体が酸素であることを説明することができる」であるから、前述の結論では本時の主眼を達

成したことにはならない。本時で解決しなさいと示される学習問題と、評価される規準とが異なっていることほど、授業を受ける側にとって迷惑なことはない。

　児童・生徒が学習問題を解決したと思ったら、それは授業者の期待する結論ではなく、授業の主眼を達成したものではない。児童・生徒は「えーっ、学習問題を解決したのに、どうして？」となる。授業者は、あせって「◎◎をしなさい。□□を見なさい」と評価規準に到達させようと必死に誘導する。そうなると、もう、問題解決どころではなくなってしまう。当然のことながら、評価のしようがない。

　児童・生徒にとっては、授業者の言っていること（学習問題として言われたこと・示されたこと）と授業者がやっていること（評価規準を設定して評価しようとすること）が違う。そのような授業が続いたら、児童・生徒を混乱させ、モチベーションを著しく低下させる原因となる。したがって、学習問題と評価規準のずれは絶対に避けなければならない。児童・生徒がどんなに主体的な素晴らしい探究をしたとしてもである。

　理科の授業においては、学習問題が示されてから学習課題が設定されるまでの間の、学習問題に対する予想をして仮説を立て、何を使ってどのようにすれば学習問題が解決されるのかを考え、みんなと話し合いながら協力し合って焦点を絞っていく過程が、最もおもしろく、魅力的でやりがいのある場面となる。理科の授業の魅力の１つ目である。どんな観察、実験器具を使ったらよいのか、比較すればよいのか、条件を抽出すればよいのか、どのような条件に揃えたらよいのか、を試行錯誤しながらも方向づけていく過程は、見通しを持って科学的に見たり考えたりしていく上で不可欠である。

　その意味においては、適切な学習問題が設定されていないことには、学習課題がすわる状況には至らないといっても過言ではない。それだけ、学習問題の設定が重要であることを理解しておくべきである。

　学習問題が提示されたら、
　　「学習問題について、予想してみましょう」。
と発問し、学習問題に対する予想を促すことが大切である。もちろん、その予

想がどのような根拠によって導き出されてきたものなのかを問うことはいうまでもない。

次には、

「予想を確かめるには、どのようにしたらよいでしょうか？」

あるいは、

「学習問題を解決するためには、どのようにしたらよいでしょうか？」

と発問し、どのような観察、実験器具を使って、どのようにしたら（比較すればよいのか、条件制御すればよいのか等）予想を確かめることができるのか、あるいは、どのような観察、実験器具を使って、どのようにしたら（比較すればよいのか、条件制御すればよいのか等）学習問題を解決させることができるのかを必ず考えさせることが大切である（図5-3）。

そして、児童・生徒が考え出した総意として、最終的に学習課題を設定することが肝要なのである。

さらに、理科の授業において、観察、実験による探究が終わって、まとめに入る段階に達したら、必ず、

「今日の学習問題は何だったでしょうか？」

と児童・生徒に問いかけることが大切である。観察、実験の結果は事実であり、その事実から学習問題の答えを導き出す過程が、理科の授業における考察なのである。つまり、観察、実験の結果（事実）と学習問題（疑問）とをつなげて考える作業が考察である（図5-3）。理科の授業における最もおもしろく、

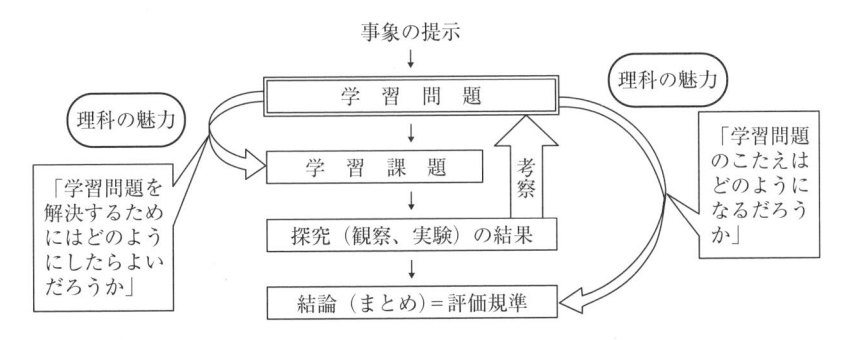

図5-3　観察、実験の結果から学習問題のこたえを導き出してまとめる

魅力的でやりがいのある場面の2つ目である。
　したがって、あなたは「今日の学習問題は何だったでしょうか？」と本時の学習問題を確認した後に、
　　「学習問題の答えはどのようになるでしょうか？」
と発問し、観察、実験の結果と学習問題とを関連させて考えながら本時の結論に導いていくことができるように授業を展開することが大切である。
　その意味においては、適切な学習問題が設定されていないことには、適切な考察が行われないといっても過言ではない。それだけ、学習問題の設定が重要であることを理解しておくべきである。
　初めて理科の授業づくりをするあなたにとって重要なことは、次の点である。
【重要】学習問題が決まったら、評価規準と整合しているかどうかを必ず
　　チェックする。

（5）最後に、事象提示の方法を決める

　事象提示を決めるときには、学習問題との関連を考慮するとともに本時の流れがどのようになるのか、そして最終的にどのような評価規準で評価するのかを見通しながら考えることがポイントである。
　事象提示というのは、授業の最初に（単元ないしは小単元の最初の場合もある）、児童・生徒がその後に続く本時の学習ないしは単元の学習に対して興味・関心を抱いたり疑問を持ったりするようにするために、授業者が自然の事物・現象を児童・生徒に示すことをいう。示すに当たっては、制御された条件下で授業者自身が演示実験したり、直接演示実験できないミクロやマクロな自然の事物・現象に関する映像や画像を示したりする。
　事象提示をするに当たっては、すべての児童・生徒に学習問題（問題意識として表出する疑問）を認識させるためには、どのような自然の事物・現象を提示したら効果的であるのかを工夫することを大切にする。あなたが児童・生徒であったら、どのような自然の事物・現象を提示されたら、あなたが示そうとしている学習問題として疑問を持つことができるのかを考えながら提示する自然の事物・現象を考えるとよい。

初めて理科の授業づくりに臨むときに気をつけることは、授業の冒頭で事象提示する自然の事物・現象は、児童・生徒の関心を喚起させるためだけに使うものではないということである。授業での事象提示は、あくまでも学習問題を設定するに当たって必要不可欠のものであり、学習問題と深く連結しているのである。さらにいえば、学習問題が解決する際に、児童・生徒自身が授業冒頭に例示された事象を振り返ることができるものにするべきなのである。
　つまり、事象提示というのは、当該授業で一貫して児童・生徒の中で問題意識として認識され続けるものでなければならないのである。児童・生徒の興味・関心をただ高めるためだけの一過性のものとして終わってはならない。
　初めての理科の授業づくりを始めるあなたにとっては、「えーっ、そんなことがあるんですか？」と思われるかもしれないが、事象提示の内容と授業の内容が関連なく別個なものになっている授業を参観することがよくあるのである。
　たとえば、事象提示を、
　　「アルコール・ランプに点火して燃える現象を演示する」。
あるいは
　　「ペレット・ストーブが燃える現象を演示する」。
としたにもかかわらず、学習問題が
　　「ふたをしないびんの中のろうそくの火とふたをしたびんの中のろうそくの火はどうなるでしょうか？」
となってしまっては、事象提示が学習問題につながらず、事象提示で児童・生徒の問題意識が途絶えてしまって何のための事象提示なのか分からなくなってしまう。事象提示はイベントではないので、ダイナミックにあるいは身近な日常生活の中に見られるようなものが燃える現象を見せればよいというものではない。事象提示がなされても、それがその後の学習問題及び本時の主眼達成に向けた学習活動を連関しないものとなっているようでは、意味をなさないのである。
　一方、あなたが、単位時間の授業の冒頭に自然の事物・現象を提示する際に、心がける教師の働きかけとしての工夫点は図5-4のとおりである（長野県教育委員会 2010a, 48）。

> ・感動的、印象的な事象を提示し、もっと詳しく調べたい、試してみたい等の追究意欲が持てるようにする。
> ・児童・生徒の見方や考え方と異なる事象を提示し、その違いを意識させて問題を明確にできるようにする。
> ・異なった現れをする複数の事象を提示し、その現れの違いを意識させて問題を明確にできるようにする。
> ・さまざまな受け止めが可能な事象を提示し、児童・生徒同士の受け止め方の違いに着目させて問題を明確にできるようにする。

図5-4　事象提示の際に心がける教師の働きかけ
（長野県教育委員会 2010a, 48）

　たとえば、「ふたをしないびんの中のろうそくの火とふたをしたびんの中のろうそくの火はどうなるでしょうか？」という学習問題を設定したとしたら、児童・生徒がふたをしないびんの中で燃えるろうそくとふたをしたびんの中で燃えるろうそくがそれぞれどのように変化するのかについて、疑問を持つことができるような印象的な自然の事物・現象を提示して、もっと調べてみたいないしは試してみたいと思わせる工夫を施すことができる。

　そのためには、空気が送られて物体が燃える現象と空気が送られないまま物体が燃える現象を示して比較できるような現象を示して、学習問題の設定につなげることが考えられる。

　そこで、学校行事等で経験したことのあるであろうキャンプ・ファイヤーを想起させて、小さな木を隙間を作って組んだ状態で燃やす現象と小さな木を隙間を作らずに組み立てた状態で燃やす現象を示す。それを受けて学習問題を設定することが考えられる。

　初めて理科の授業づくりをするあなたにとって重要なことは、次の点である。
【重要】あなたの行う事象提示を受けて、児童・生徒が学習問題を生起できるかどうかを必ずチェックする（「自分が児童・生徒としてこの授業を受けたらどうなるか」と自己モニターすることである）。

　図5-5は、理科の本時の授業づくりをする上で、特に大切なことをまとめたものである。

第 5 章　授業の構想のしかた　95

```
        ┌─────────────────────────────────┐
        │ 本時の主眼（本時の目標、本時のねらい）      │
        └─────────────────────────────────┘
                ∥ 一致しているかチェック
        ┌─────────────────────────────────┐
        │ 評価規準（児童・生徒にとっての本時の到達すべきゴール） │＝本時のまとめ
        └─────────────────────────────────┘
                ∥ 整合しているかチェック
        ┌─────────────────────────────────┐
        │ 学習問題（問題意識として表出する疑問）        │
        └─────────────────────────────────┘
```

・本時の主眼（本時の目標、ねらい）と評価規準が一致していること
　　この評価規準が「児童・生徒にとってのゴール」「授業者にとっての本時のまとめ」となる。一致していないと、授業はあなたの期待通りには進まない。
・評価規準と学習問題が整合していること（ぶれていないこと）
　　評価規準は児童・生徒にとって、「本時の到達すべきゴール」です。
　　ところが、この評価規準（児童・生徒にとってのゴール）は児童・生徒に対して示されることはほとんどない。
　　したがって、児童・生徒は最後まで学習問題（疑問）にこだわって問題解決を図ります。
　　評価規準（児童・生徒にとってのゴール）と学習問題（疑問）が整合していないと、疑問が解決されてもゴールに到達できないという矛盾が生じてしまう。それは、換言すれば、児童・生徒にとって疑問が解決できても、あなたの設定した本時の主眼（本時の目標、ねらい）が達成できないという矛盾を招くことにつながる。
　　したがって、評価規準（児童・生徒にとってのゴール）を決めたら、それに整合させて学習問題（疑問）を決めることがとても大切になってくるのである。

図 5-5　本時の授業づくりをする上で大切なこと

　図 5-6 は、ここまで述べた事柄のみを、内容項目「(1) 燃焼の仕組み」に対応する単元「1　ものの燃え方と空気」（信濃教育出版社 2010a）における本時の実際の学習指導案（略案）の形式に当てはめて手順を示したものである。

小学校第6学年理科学習指導案（略案）

平成___年___月___日　会場_____

授業者_____

1　**単元名**　「1　ものの燃え方と空気」（全10時間）
2　**本時の位置**（第1時）
　前時
　次時
3　**本時の主眼**①（本時の目標、本時のねらい）
　ふたをしないびんの中のろうそくの火が燃え続け、ふたをしたびんの中のろうそくの火はやがて消えることを説明することができる。
4　**指導上の留意点**
5　**本時の展開**

段階	学習活動	予想される児童の反応	指導援助、評価	時間	備考
導入	事象提示 ⑤		・キャンプ・ファイヤー等のときにすきまをあけてまきを組むことを想起させ、すきまをあけて小木を組んだものとそうでない小木がそれぞれ燃える現象を提示する。		
展開	学習問題：④ふたをしないびんの中のろうそくの火とふたをしたびんの中のろうそくの火はどうなるでしょうか？ 学習課題：③ふたをしないびんとふたをしたびんの中のろうそくの燃え方を比べ、ふたをしないびんの中のろうそくの火とふたをしたびんの中のろうそくの火がどうなるかを調べよう。				
まとめ			評価規準② ふたをしないびんの中のろうそくの火が燃え続け、ふたをしたびんの中のろうそくの火はやがて消えることを説明することができる。		

図5-6　本時の授業づくりの手順

第2節　本時の授業の学習指導案（略案）を見る観点

　初めての理科の授業づくりに臨むあなたが、本時の授業をどのように展開したらよいかを構想するときに役立つことは、先輩諸氏によってすでにつくられている本時の授業の学習指導案（略案）を参考にすることである。校内研修で先輩の先生が授業を公開する機会があるであろうから、そのようなときには、どのような視点から参観すればよいのであろうか。
　理科の授業をどのような手順で構想したらよいのかと同じ手順にしたがって参観すると、理科の授業づくりにとても参考になる。

① まず最初に、本時の主眼（授業の目標、ねらい）を見る。
　　　　・授業者が「本時で児童・生徒に何を身に付けさせたいのか」が書いてあるので、要点を把握する。
　　（例）「ふたをしないびんの中のろうそくの火が燃え続け、ふたをしたびんの中のろうそくの火はやがて消えることを説明することができる」。

② 次に、評価規準を見る。
　　　　・評価規準は評価の観点なので、必ず授業の目標（ねらい：長野県の場合には「本時の主眼」）に対応している。
　　　　・「授業の目標を達成すると児童・生徒はどのような姿になるのか」が書かれているので、要点を把握する。
　　　　・評価規準は、児童・生徒にとっては、自分が本時で到達すべきゴールである。
　　（例）「ふたをしないびんの中のろうそくの火が燃え続け、ふたをしたびんの中のろうそくの火はやがて消えることを説明することができる」。

③ そして、学習課題（疑問を解決しなければならないものとして、児童・生徒が自らに課した問題）を見る。
　　　　・評価規準（評価の観点）を達成するために、どのように調べさせようとしているのかを把握する。
　　　　・どのような手立てを使って、どんな教材・教具を使って調べさ

せようとしているのか、を把握する。
　　　（例）「ふたをしないびんとふたをしたびんの中のろうそくの燃え方を比べ、ふたをしないびんの中のろうそくの火とふたをしたびんの中のろうそくの火がどうなるかを調べよう」。
④　最後に、学習問題（問題意識として表出する疑問）を見る。
　　　・学習課題に導くために、どのような疑問を持たせようとしているのかを把握する。
　　　（例）「ふたをしないびんの中のろうそくの火とふたをしたびんの中のろうそくの火はどうなるでしょうか？」
⑤　児童・生徒に疑問を持たせる（学習問題を持たせる）ためにどのような事象提示をしようとしているのかを把握する。
　　　　　・生徒に学習問題（問題意識として表出する疑問）を持たせるためにはどのような事象を提示したら効果的かを考える。
　　　（例）「キャンプ・ファイヤー等のときにすきまをあけてまきを組むことを想起させ、すきまをあけて小木を組んだものとそうでない小木がそれぞれ燃える現象を提示する」。

第3節　授業を参観する観点

　一方、初めてのあなたが理科の授業を参観する機会があったときに、いったいどのような視点から参観したらよいのであろうか。それを知ることは、理科の授業づくりのポイントを知ることにもつながる。それには、何より、ただ漠然と参観するのではなく、自分が児童・生徒になったつもりで授業を受けてみることである。その際には、繰り返し述べてきたように、本時の主眼（授業の目標、ねらい）と学習問題、そして評価規準が整合しているかどうかという視点から授業を参観することが肝要である。
①　児童・生徒に疑問を持たせることのできる事象提示を行っているかどうかという視点から授業を参観する。

「あなたは、授業者の提示した自然事象に対して興味を持ったり疑問を持ったりできましたか？」

② 学習問題（問題意識として表出する疑問）を持たせることができたかどうかという視点から授業を参観する。

・学習問題（問題意識として表出する疑問）は、児童・生徒にとっては本時の主眼（本時の目標、ねらい）となるものである。
・授業中に評価規準（到達すべきゴール）が示されない授業がほとんどなので、学習問題が明確に示されているか否かが授業成立の決め手である。
・児童・生徒は、本時の最後まで、この学習問題が解決できたかどうかにこだわって追究することになる。

「あなたは、本時で到達すべきゴールが具体的に理解できましたか？」

③ 学習問題から学習課題に導くときの授業の展開が、児童・生徒の思考の流れに沿っているかどうかという視点から授業を参観する。

・授業者の一方的な探究方法を押しつける展開になっていないかどうかをよく見ておくことである。理科の授業の最もおもしろく、かつ魅力的でやりがいのある場面が、この学習問題から学習課題までの段階である。児童・生徒は、提示された自然の事物・現象に対して疑問を持って、それをどのようにしたら解決できるのか、その探究方法を考え、話し合い、一つ一つの方法を吟味していく過程が、理科の授業において最もおもしろく、魅力的でやりがいのある所の1つ目である。
・「学習問題の提示」→「予想してみよう（仮説を立ててみよう）」→「どうやって調べたらよいだろうか」の流れになっているかどうかの視点から評価する（それが「見通しを持って」「目的意識を持って」につながる）。
・児童・生徒に予想させるときに理由を書くように指示しているかどうか、また、予想を発表させるときに理由を聞いているか

どうかの視点から授業を参観する。

「あなたは、予想を立て、調べる方法を考えることができましたか？」

④ 学習課題（疑問を解決しなければならないものとして、児童・生徒が自らに課した問題）を持たせることができたかどうかという視点から授業を参観する。

「あなたは、本時でどのようにして探究すれば学習問題を解決できそうか、見通しが持てましたか？」

⑤ 評価規準が達成できたかどうかという視点から授業を参観する。

・授業中には評価規準（到達すべきゴール）が示されない授業がほとんどなので、評価規準＝学習問題＝授業の目標（ねらい、主眼）と考えて差し支えないので、学習問題が解決できたかどうかの視点から授業を見る。

・児童・生徒は、本時の最後まで、この学習問題が解決できたかどうかにこだわって追究することになる。

「あなたは、学習問題が解決できましたか？」

　理科の授業づくりの成否の分かれ目は、学習問題が示されてから学習課題が児童・生徒全員に理解されるまでである。学習課題がすわる（学習課題が児童・生徒全員にしっかり理解される）までの過程がとても大切なので、授業を参観するときには、ベテランの先生方が学習問題が示されてから学習課題が児童・生徒全員に理解されるまでをどのように工夫しているかをレポートするとよい。

　初めて理科の授業づくりをするあなたにとっては、この学習問題が示されてから学習課題が児童・生徒全員に理解されるまでを重点的に工夫してデザインすることが大切といえる。

第6章

小学校の授業での学習問題と学習課題

第1節　学部の講義で行われた学生による模擬授業から

　筆者は、小学校教諭普通免許状の取得を目指す学生の受講する各教科の指導法の理科に関する授業科目の講義において、模擬授業の実践を課している。図 6-1 は、当該講義において、受講生が実践した小学校第 6 学年内容項目「(1) 燃焼の仕組み」に対応する単元「物の燃え方と空気」（全 8 単位時間）（東京書籍 2010a）の第 2 時を想定した模擬授業の学習指導案（略案）を示している。1 単位時間を 20 分として模擬授業がデザインされ、実践された。
　図 6-2 は、図 6-1 の本時の主眼と学習問題、学習課題、評価規準の関連を示したものである。活動場面は、「なぜ空き缶に穴を開けるとろうそくの火が燃え続けるのかを考える場面」であり、児童が共有できる疑問として、「なぜ、空き缶に穴を開けるとろうそくの火が燃え続けるのだろうか？」という学習問題を提示している（写真 6-1）。
　一方、主眼において、生徒が具体的に探究する活動として表現されているのは「空き缶に開けた穴の所に火のついた線香を近づけて、線香の煙の動きを観察することを通して」である。ここでは、生徒が実際に空き缶に開けた穴の所に火のついた線香を近づけて、線香の煙の動きを観察する実験を行う。そして、煙が空き缶に吸い込まれていくところと煙が空き缶の上部から出ていくと

小学校第6学年理科　学習指導案（略案）

1　単元名　「物の燃え方と空気」（全8単位時間）
2　本時の位置（第2時）
　　前時　缶の中でろうそくを燃やし続けるにはどうすればよいかを考え、話し合った。
　　次時　窒素、酸素、二酸化炭素の内、物を燃やすはたらきがある気体はどれかを調べ、まとめる。
3　本時の主眼
　　なぜ空き缶に穴を開けるとろうそくの火が燃え続けるのかを考える場面で、空気の流れに着目して、空き缶に開けた穴の所に火のついた線香を近づけて、線香の煙の動きを観察することを通して、ろうそくの火が燃え続けるのはたえず空気が入れかわるからであることを理解できる。
4　指導上の留意点
・火の取扱いには十分注意するよう指導する。
・児童の発言や気づきを大切にし、机間指導をして必要に応じて教師が適切に助言する。
5　本時の展開

段階	学習活動	予想される児童の反応	指導援助、評価	時間	備考
事象と出合い	1 前時の復習。 2 缶の中でろうそくが燃え続けるには何が必要か発表する。	ア　穴をつくっておくといいんだよ。 イ　缶の中でもろうそくは燃え続けていたよ。 学習問題：なぜ、空き缶に穴を開けるとろうそくの火が燃え続けるのだろうか？	◇前時の話し合いの内容を想起させる。	5分	缶の中でのろうそくの燃焼ワークシート
課題を把握し	3 予想をする。 4 出てきた予想を基にどのように調べればいいか考える。	ウ　穴から空気が出入りできるから、空気が必要だからだよ。 エ　空気に色を付けてやれば空気の動きが分かる。 オ　線香を使えば、煙が出るぞ。 学習課題：空き缶に開けた穴の所に火のついた線香を近づけて、線香の煙の動きを観察して、ろうそくの火が燃え続けるわけを説明しよう。	◇何人かを指名して発表してもらう。 ◇どのようにすれば空気が使われているかを調べられるか、問いかける。	5分	
追究して	5 実験器具を用いて調べる。	カ　線香の煙が缶の中に入っていったぞ。 キ　穴の中に煙が入っていった。 ク　穴の中に煙が吸い込まれていったよ。 ケ　煙がどんどん入っていく。	◇実験の方法と留意事項を説明する。 ◇机間指導の留意点 ・加熱実験操作を安全に行っているか。行えていない場合は、共に実験方法を確認する。 ・穴からの煙の入り、缶の上部からの煙の出を観察できているかどうか。できていない場合は煙の動きを注視するように対話する。	5分	ワークシート マッチ、ろうそく、線香
まとめる	6 結果を考察し、分かったことを発表する。 7 本時の学習を振り返る。	コ　煙が穴の中に入っていくということは、缶のまわりの空気が煙と一緒に缶の中に入っていくということか。 サ　ものが燃え続けるためには空気が必要なんだ。	◇煙の入りと出がどのようなことを意味するのかを考えるよう促す。 ◇実験の結果を基に、考察をするように促す。 ろうそくの火が燃え続けるのはたえず空気が入れかわるからであることをまとめる。	5分	ワークシート

図6-1　小学校第6学年単元「物の燃え方と空気」の第2時の学習指導案（略案）
（平成19年度初等理科指導法基礎の模擬授業実践資料から）

第6章 小学校の授業での学習問題と学習課題　103

［本時の主眼］
・なぜ空き缶に穴を開けるとろうそくの火が燃え続けるのかを考える場面で、空気の流れに着目して、空き缶に開けた穴の所に火のついた線香を近づけて、線香の煙の動きを観察することを通して、ろうそくの火が燃え続けるのはたえず空気が入れかわるからであることを理解できる。

　　　　　　　　　　　　　　　　　　　本時の目標（ねらい）（＝評価規準）

［学習問題］
・なぜ、空き缶に穴を開けるとろうそくの火が燃え続けるのだろうか？
［学習課題］
・空き缶に開けた穴の所に火のついた線香を近づけて、線香の煙の動きを観察して、ろうそくの火が燃え続けるわけを説明しよう。
［評価規準］
・ろうそくの火が燃え続けるのはたえず空気が入れかわるからであることをまとめる。

図6-2　図6-1の本時の主眼と学習問題、学習課題、評価規準の関連

写真6-1　学習問題を提示した場面　　写真6-2　学習課題を提示した場面

ころの煙の動きを観察して考察し、結論づけることになる。
　「なぜ、空き缶に穴を開けるとろうそくの火が燃え続けるのだろうか？」という学習問題に対して、空気の流れに着目して、具体的に空き缶に開けた穴の所に火のついた線香を近づけて、線香の煙の動きを観察する実験をして、煙の動きを観察して解決を図ることを生徒が自らに課すことができる。そこで、「空き缶に開けた穴の所に火のついた線香を近づけて、線香の煙の動きを観察して、ろうそくの火が燃え続けるわけを説明しよう」という児童が共有できる学習課題を設定することができるのである（写真6-2）。
　本時の目標（ねらい）は「ろうそくの火が燃え続けるのはたえず空気が入れかわるからであることを理解できる」であり、評価規準「ろうそくの火が燃え

続けるのはたえず空気が入れかわるからであることをまとめる」が本時の目標（ねらい）と一致している。

　図6-3は、図6-1の学習指導案（略案）の模擬授業における発問計画の一部を示している。

ものの燃え方と空気

◎班

★発問計画★
今日は前回に続き、ものの燃え方について勉強したいと思います。
前回の授業で、火のついたろうそくを缶の中に入れてふたをしたら、火は消えてしまいました。
そこで、前回の授業では、穴の空いた缶で試してみましたね。そのとき、ろうそくの火はどうなったかな？
（児童に問いかける）
| 理想：火は燃え続けた。 |

そうでしたね。
穴の空いた缶に火のついたろうそくを入れたら、火は消えませんでした。
じゃあ、みんなが言うように、ろうそくの火はなぜ燃え続けているのか、考えたいと思います。
そこで、今日の学習問題です。
| 学習問題：なぜ、空き缶に穴を開けるとろうそくの火が燃え続けるのだろうか？ |

それでは、みんなで、なぜ火は燃え続けるのか、予想していきたいと思います。
それでは、班ごとに話し合った結果を発表してもらいます。○○班の○○さん、どうですか？
| 理想：空気が出入りしているから。 |

そうかもしれませんね。
今、ものが燃え続けるためには空気が出入りしているのではないかという意見が出ました。
では、これについて調べたいと思うんだけど、どうすれば空気が使われていることが分かるかなあ。
空気って透明だから見えないよね。
○○班の○○さん、何かよい方法はありませんか？
| 理想：空気に色を付ける。 |

確かに空気に色を付ければ空気の流れが分かりそうだよね。
空気に色が付けられて、空気の流れが見て分かるものって何かないかなあ？
○○班の○○さん、どうですか？
| 理想：線香！！ |

なるほどね～。

線香の煙なら、空気の流れが分かりそうだね。
先生、今日、ちょうど線香をたくさん持ってきたからみんなで調べてみよう。
今、みんなからアイディアを出してもらったように、今日はこれについて調べてみようと思います。

> 学習課題：空き缶に開けた穴の所に火のついた線香を近づけて、線香の煙の動きを観察して、ろうそくの火が燃え続けるわけを説明しよう。

それでは、実験に入ります。
実験に使う道具を、各班の○○さんは取りに来てください。
みなさん、実験に使う道具が全部あるか確認してくださいね。
使う道具は、空き缶、ろうそく、線香、針金、マッチ、使い終わったマッチと線香を入れるための容器です。
道具はみんなありましたか？それでは、実験の方法を説明します。
まず、安全のために実験を行う机の上から、ノートやプリントなどの燃えやすいものをどかしてください。
そして針金を手で持って、ろうそくにマッチで火を付けます。
このときに、マッチの火を友達に向けたりしてはいけません。
マッチは使い終わったら、この容器に入れてください。
次に、その火のついたろうそくを穴の空いた空き缶の中に入れます。
そうしたら、線香にもマッチで火を付けてください。マッチは容器に入れてくださいね。
ここからが大切ですよ。よく聞いてくださいね。
その線香を空き缶の穴に近づけます。そして、線香の煙の様子を観察してみましょう。
観察が終わったら、ろうそくと線香は容器に入れて火を消してください。
最後にもう一度、注意することについて確認します。
火の取扱いには十分注意してください。友達に火を向けてはいけません。使い終わったマッチと線香は、この容器に入れてください。実験の方法の説明は以上です。

図6-3　小学校第6学年単元「物の燃え方と空気」の第2時の模擬授業の発問計画の一部
（平成19年度初等理科指導法基礎の模擬授業実践資料から）

　発問計画というのは、実際の授業を行う際に、授業者がどのように発問をしたらよいのかを、45分の単位時間の時間の流れ（ここでは20分の模擬授業の単位時間の時間の流れ）に沿って立案しておく計画のことである。立案できたら、自分でシミュレーションしたり友人を児童・生徒役にしてリハーサルをしたりしながら、よりよい計画に仕上げていくことが大切である。
　授業中に、この発問計画を片手に持って台本のように読みながら授業をすることなどはない。何回もつくり直していく過程で、また何回もシミュレーションしたりリハーサルをしたりする過程を通して、発問計画を逐一見なくても授

業の過程が頭の中に入っていくものである。しかし、初めての理科の授業に臨むに当たっては、この発問計画を教卓の上に置いておいて、ポイントとなるところでこの発問計画を確認しながら授業を進めると良い。緊張のあまり、次に何をしたらよいか分からなくなってしまうというようなことを避けることができるからである。

　また、どんなに素晴らしい発問計画を用意して授業に臨んだとしても、実際の授業では、多様な理解をする児童が実に多様な反応を示すことによって、計画していた授業の流れ通りには進まないことが往々にしてある。そのようなときに慌てずに済むように、事前に予想できる児童の反応は考えられるだけ考えておくことである。どのような反応がきたら、どのように対応することができるのかを事前に把握しておくことは、授業の展開中にあなたに余裕を与えてくれることになる。

　授業を構想するときは、どうしても教える側の一方的な見方で授業づくりが行われるため、なかなか児童の反応を予想しづらい。そのようなときは、ぜひ、視点を変えて、自分がこの授業を受けるとしたらどのように反応するであろうか、この発問をされたら自分が児童であったらどのように受け止めるであろうか、ということを考えながら構想することが大切となる。

　学習指導案（略案）はあくまでも、授業前に計画した原案であるので、児童の反応にしたがって学習指導案（略案）の計画を変更し、柔軟に授業を展開することが望ましい。特に、理科の場合、観察、実験を行って問題解決を図ることが多いので、あなたが期待して計画した観察、実験の結果や考察に至らないことがある。そのような場面に遭遇したときには、図6-4のように具体的に手立てを講じてみてはいかがであろうか。

　図6-4の①が最も望ましい。時間的な余裕がない場合には、②でもやむを得ない。くれぐれも「今日は○○のようになりましたが、実際には教科書に書いてあるようになりますから、覚えておきましょう」等と、授業者の期待する結果を一方的に押しつけることのないようにしなければならない。

① 授業者が期待していなかった結果を、児童に還元する。
「どうしてこのような結果になったのでしょうか。みんなで考えてみましょう」。
この方法は、場合によっては次時への継続となることが多いので、年間指導計画の中で慎重に進めることが必要である。時間的な余裕がない場合には避けなければならない。
② 児童を教卓の周りに集め、授業者が代表して演示実験を改めてもう1回する。
「私（授業者）がもう1回やってみますから、よく見ててください」。
この方法は、授業者の期待する結果等が得られない可能性がある観察、実験の場合に、事前に想定しておいて準備しておく必要がある。改めて行う演示実験では、必ず、期待する観察、実験結果を残さなければならない。
③ 授業者が事前に予備実験しておいた観察、実験結果を紹介する。
「私が皆さんと同じ観察、実験を授業の前に何回もやってみた結果を紹介します」。
この方法は、②と同様、授業者の期待する結果等が得られない可能性がある観察、実験の場合に、事前に想定しておいて準備しておく必要がある。児童・生徒が実際に、授業の場で実際に目の前で観察することができないので、「本当にそのような結果になるの？」という疑問が残る。恣意的に何かを操作して得た結果ではないのかという疑念が生じるのである。最低限、授業で行う条件と同じ環境下で観察、実験を行ったという映像を証拠として、示さなければならない。やむを得ない場合は致し方ないが、できれば避けたい方法である。

図6-4 期待する観察、実験の結果に至らなかったときの手立て

　理科の授業では、「結果が失敗だった」「あーあ、失敗しちゃった」という反応をすることが多くある。このような反応は授業者からも児童からもよく聞くことがある。あなたにも小学生や中学生の頃に経験はないであろうか。特に、教科書に掲載されている結果と同じ結果が得られなかったような場合には失敗したと解釈するのであろう。
　しかし、本当に「失敗」なのであろうか。よく考えてほしい。自然の事物・現象というのは、自然界において一定の条件の下で私たちの前に現れる事物であり現象である。条件が変われば、私たちの目の前に現れる事物や現象も変化することは、自然界においては当然のことではないであろうか。つまり、自然界において一定条件下で現れる自然の事物・現象に「失敗」などという事物も現象もあり得ない。
　私たちが「失敗」と表現するのは、あくまでも期待する結果が念頭にあるからである。教科書どおりの結果であったり、本時の主眼に持って行きたいが

ための授業者の期待する結果であったりする。あるいは、授業者の指導過程に沿った期待通りの予想であったり、授業者の期待する考察であったりすることもあろう。

私たちの目の前に現れる自然の事物・現象は失敗などではなく、歴然とした事実なのである。そのような事実を踏まえて、なぜそのような事実に至ったのかを考察するところが理科の授業の最もおもしろく、また魅力的で、かつやりがいのあるところなのである。理科の授業での最もおもしろく、魅力的なところの２つ目が、この観察、実験の結果から学習問題のこたえを導き出す考察の場面なのである。そのおもしろみや魅力、やりがいをぜひ、あなたから児童に伝えてほしいと願う。

児童が「失敗だった」と反応したら、ぜひあなたが「理科の授業には、失敗なんてないんだよ。どうしてそのような結果になったのか考えてみようよ」と励ましてほしい。

図6-5は、図6-1の模擬授業で使用する板書計画を示している。

板書計画というのは、45分の単位時間の中（ここでの模擬授業の場合には20分の単位時間の中）で、黒板をどのように使用するのかということを示した授業者の計画である。1単位時間においては、原則として、45分で黒板全面

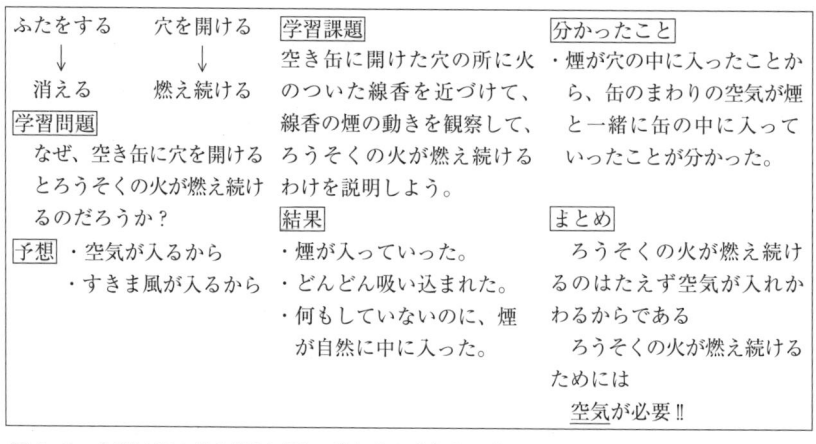

ふたをする　穴を開ける ↓　　　　↓ 消える　　燃え続ける 学習問題 なぜ、空き缶に穴を開けるとろうそくの火が燃え続けるのだろうか？ 予想 ・空気が入るから 　　・すきま風が入るから	学習課題 空き缶に開けた穴の所に火のついた線香を近づけて、線香の煙の動きを観察して、ろうそくの火が燃え続けるわけを説明しよう。 結果 ・煙が入っていった。 ・どんどん吸い込まれた。 ・何もしていないのに、煙が自然に中に入った。	分かったこと ・煙が穴の中に入ったことから、缶のまわりの空気が煙と一緒に缶の中に入っていったことが分かった。 まとめ ろうそくの火が燃え続けるのはたえず空気が入れかわるからである 　ろうそくの火が燃え続けるためには 　<u>空気が必要!!</u>

図6-5　小学校第6学年単元「物の燃え方と空気」の第2時の模擬授業の本時の板書計画
　　　（平成19年度初等理科指導法基礎の模擬授業実践資料から）

を使用する。使用しないスペースを作らない。一度書いた文字あるいは図表、スケッチ等は授業終了まで消すことや書き直すことはしない。

　図6-6は、図6-1の模擬授業で使用するワークシートを示している。当該模擬授業では授業の冒頭にワークシートを配布して活用した。実際に活用するワークシートは、A4版サイズ片面印刷の用紙として使用する。

```
                    ものの燃え方と空気
                              6年　氏名　　　　学籍番号

学習問題　なぜ、空き缶に穴を開けるとろうそくの火が燃え続けるのだろうか？
予想


学習課題
結果



分かったこと（結果から学習問題の答えを考えると）



まとめ

```

図6-6　小学校第6学年単元「物の燃え方と空気」の第2時の模擬授業の本時のワークシート
　　　（平成19年度初等理科指導法基礎の模擬授業実践資料から）

　ワークシートとは、単位時間の授業において児童が探究に対応しながら書き込んでいくことのできるプリントである。授業の始まると同時に配布する場合もあれば、授業の流れに応じてその都度配布する場合もある。授業終了後に全児童分を回収し、記述された内容から本時の主眼の達成状況を把握することができる。

　実験結果を記入する欄に加えて、予想の欄と考察の欄が設けてある。理科の授業の場合、必ず、予想の欄と考察の欄を設定しておくことが大切である。予想を記入する時間を必ず取る。その予想をした理由も合わせて書かせる。児童が予想とその理由を記入しているときに、あなたは机間指導を行う。一人ひと

りの児童がどのような予想を書いているのかをその机間指導の時に把握しておき、予想を発表させるときにその結果を生かすのである。

　机間指導を生かすことのできる利点の1つは、授業者の期待する予想あるいは想定していなかった予想をした児童を意図的に指名して発表させることができることである。1つは、想定していなかった予想を記入した児童を事前に把握することができるので、その予想が発表されたときにどのような発話を返したらよいかを考える余裕を持つことができる利点である。考察の場合も同様である。

第2節　附属小学校で公開された理科を専門とする教諭による授業から

　図6-7は、小学校第4学年の単元「つかまえよう空気・水」(全11単位時間)の第9時の授業の学習指導案(略案)を示している。当該授業は、附属小学校に勤務する理科を専門とする教諭が教育研究会における公開授業として実践し、一般公開したものである。

　当該単元では、図6-8のとおり、空気鉄砲に水を入れて玉を飛ばそうとしたときの実験結果と、空気が入っている空気鉄砲を使って玉をとばそうとしたときの実験結果を比較して探究していった児童が、「空気に重さがあるのだろうか？」という疑問を抱いたことによって行われた展開の中での位置づけである。

　図6-9は、図6-7の第9時の主眼と学習問題、学習課題、評価規準の関連を示したものである。活動場面は、「空気に重さがあるのかどうかを調べる場面」であり、児童が全員で共有できる疑問として、「空気に重さはあるのだろうか？」という学習問題を提示している。

　一方、主眼において、児童が具体的に探究する活動として表現されているのは「ペットボトルに空気を入れる前と後での、空気とペットボトルを合わせた重さの計測結果を比較することを通して」である。ここでは、児童が一人ひとりの考えた方法によって空気の重さがあるのかどうかを調べた(写真6-3)

第6章　小学校の授業での学習問題と学習課題

小学校第4学年理科　学習指導案（略案）

1　単元名　「つかまえよう空気・水」（全11単位時間）
2　本時の位置（第9時）
　前時　空気に重さがあるのかを予想し、その探究方法を考えてまとめる。
　次時　空気や水の性質を利用したものを作り、試す。
3　本時の主眼
　空気に重さがあるのかどうかを調べる場面で、空気が圧縮できることに着目し、ペットボトルに空気を入れる前と後での、空気とペットボトルを合わせた重さの計測結果を比較することを通して、空気に重さがあることを説明できる。
4　指導上の留意点
・児童自身の考える多様な（4つの）探究方法による観察、実験を促す。
・児童自身の考えに基づいた観察、実験の結果をまとめた後に、共通教材による共通実験を行う。
・児童の「失敗した」と思う観察、実験結果をあえて取り上げて、その理由から共通実験に導く。
・簡易気体圧縮機を教材として用い、空気の重さを計測する観察、実験に応用する。
5　本時の展開

段階	学習活動	予想される児童の反応	指導援助、評価	時間	備考
事象と出合い	・空気に重さがあるのか考える。	・この世に重さのないものなんてあるのかなあ。 ・空気に重さなんてないよ。	・前時までの空気に重さがあるのかどうかの議論を想起させる。	5分	
	学習問題：空気に重さはあるのだろうか？				
課題を把握し	・予想を立て、空気を入れる前後での重さの有無を関係づけて考える。	・空気を入れる前後の重さを比較すればよい。 ・入れた後、重さが増えていれば重さがある。	・空気を入れる前と入れた後での重さの変化を想定し、その変化によって何が変わるのかを確認する。	10分	・電子天秤
	学習課題：空気を入れる前と後の、空気とペットボトルを合わせた重さを比べて、空気に重さがあるかないか調べてみよう。				
追究して	・空気の重さを量るための用具を整えて観察、実験をする。	・風船に空気を入れる前の重さとふくらませた後の重さを比較したが、変わりなかった。 ・ビニール袋に空気を入れる前と入れた後で重さを比べたら入れた後の重かったので、空気には重さがある。 ・空き缶では量れない。	・空気の重さを量る道具を整える。 ・それぞれの方法に合わせて、不足している器具を用意する。 ・机間指導し、安全に観察、実験が行われているかどうか確認する。	25分	

ま と め る	・方法を再検討する。 ・ペットボトルに空気を押し込んで重さを量る。 ・実験結果を確認し、結論をまとめる。 ・本時を振り返る。	・空気に重さがあるのかはっきりしない。方法を考え直そう。 ・重さがないものをたくさん集めたら重さはどうなるんだろう。 ・ペットボトルに空気を押し込んで量ってみよう。 ・もっと正確に量れる器械があれば量れそうだ。 ・電子天秤に乗せて、重さの変化を見てみよう。 ・空気を入れた後で重さが増えているから、空気にも重さがあったことが分かった。	・重さがないのであれば、たくさん集めても重さは0gであることを確認する。 ・空気の伸縮性を想起させ、少しの空気でも重さがあるのなら、押し縮めた空気の重さを量ることができる事に気付かせる。 ・簡易気体圧縮機の使い方について説明する。 ・電子天秤を準備して、自由に量ることができるようにする。 ―評価規準― 実験結果から、空気に重さがあることを説明できる。	5分	・簡易気体圧縮機提示 ・ペットボトル ・空気を封入した数種類の風船

図6-7 小学校第4学年の単元「つかまえよう空気・水」第9時の学習指導案（略案）
（授業実践は土居（2004）による）

---

①中が見えないように外側を黒く塗った空気でっぽうで遊ぶ。（1単位時間）
②中が見えないように外側を黒く塗った空気でっぽうに水を入れて遊ぶ。（1単位時間）
③たまの飛び方に違いがあるわけを考える。（1単位時間）
④透明な筒を用いて空気・水でっぽうで遊ぶ。（1単位時間）
⑤空気や水が漏れないようにし、筒の中の変化の様子をとらえる。（1単位時間）
⑥空気や水はどのような性質であったのか確認する。（1単位時間）

図6-8 第9時までの単元「つかまえよう空気・水」における学習活動
（授業実践は土居（2004）による）

後、ペットボトルに空気を入れる前のすでに空気が入っている状態のペットボトルとキャップだけの重さを量り、そのペットボトルの中に簡易気体圧縮機で空気を押し込んで入れた後のペットボトルとキャップと空気が入っていたところにさらに空気を押し込んだ全体の空気を合わせた重さを計測する活動を行う（写真6-4）。そして、空気を入れる前後での計測結果を比較して考察し、結論づけることになる。

第6章　小学校の授業での学習問題と学習課題　113

```
［本時の主眼］
・空気に重さがあるのかどうかを調べる場面で、空気が圧縮できることに着目し、ペットボトルに空気を入れる前と後での、空気とペットボトルを合わせた重さの計測結果を比較することを通して、空気に重さがあることを説明できる。

［学習問題］
・空気に重さはあるのだろうか？
［学習課題］
・空気を入れる前と後の、空気とペットボトルを合わせた重さを比べて、空気に重さがあるかないか調べてみよう。
［評価規準］
・実験結果から、空気に重さがあることを説明できる。
```

（「学習問題」「学習課題」「本時の目標（ねらい）（＝評価規準）」の吹き出しが本時の主眼中の該当部分を指している）

図6-9　図6-7の第9時の主眼と学習問題、学習課題、評価規準の関連

「空気に重さはあるのだろうか？」という学習問題に対して、空気が圧縮できることに着目し、具体的に簡易気体圧縮機を使って、空気を入れる前のペットボトルとキャップとすでに入っていた空気の重さと、空気を入れた後のペットボトルとキャップとすでに入っていた空気にさらに押し込んで入れた空気の全体の重さの計測結果を比較して、疑問を解決することを児童が自らに課すことができる。そこで、「空気を入れる前と後の、空気とペットボトルを合わせた重さを比べて、空気に重さがあるかないか調べてみよう」という、児童が共有できる学習課題を設定することができるのである。

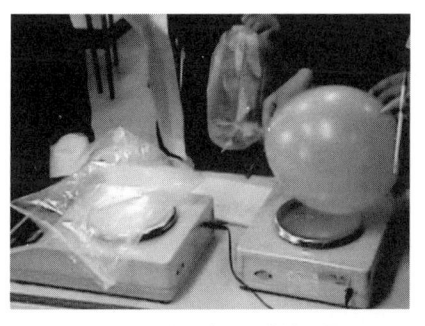

写真6-3　児童の考えた方法で調べる

写真6-4　空気の重さ測定

本時の目標（ねらい）は「空気に重さがあることを説明できる」であり、評価規準「空気に重さがあることを説明できる」が本時の目標（ねらい）と一致している。

第7章

中学校の授業での学習問題と学習課題

第1節　学部の講義で行われた学生による模擬授業から

　筆者は、中学校教諭普通免許状（理科）の取得を目指す学生の受講する各教科の指導法の理科の授業科目に関する講義において、模擬授業の実践を課している。図7-1は、当該講義において、受講生が実践した中学校第2分野内容項目「(2) 大地の成り立ちと変化」に対応する単元「大地の変化」（全20単位時間）（東京書籍2010b）の第2時を想定した模擬授業の学習指導案（略案）を示している。1単位時間を30分として模擬授業がデザインされ、実践された。

中学校第1学年理科　学習指導案（略案）

1　単元名　「大地の変化」（全20単位時間）
2　本時の位置（第2時）
　前時　火山は噴火しマグマが地表に積もってできることを理解する。
　次時　火山灰の観察を通して、いくつかの特徴のある粒（鉱物）を見いださせ、主な鉱
　　　　物の特徴を指摘できるようにする。
3　本時の主眼
　　火山の形の盛り上がり方になぜ違いがあるのかを考える場面で、小麦粉と水で作った、
　粘り気だけが違う小麦粉マグマと、量だけが違う小麦粉マグマと、噴火の勢いだけが違う
　小麦粉マグマの3つの噴火のモデル実験の結果を比較することを通して、できあがる火山
　の形の盛り上がり方が違う原因はマグマの粘り気の違いであることを理解できる。

4 指導上の留意点
・生徒に予想させるときは、噴火の違いという考えが出るように促す。
・モデルによる実験は火山の噴火に対応していることを共通理解する。
5 本時の展開

段階	学習活動	予想される生徒の反応	指導援助、評価	時間	備考
事象と出合い	1 前時の復習。 2 2つの火山AとBの写真を比べ、形がどう違うか発表する。	ア 火山は噴火したマグマが積もってできる。 イ AよりもBの方が盛り上がっている。	◇イのような発言から学習問題を設定する。	3分	火山の写真 ワークシート
課題を把握して	3 火山ができる過程を基に予想をする。 4 出てきた予想を基にどのように調べればよいか考える。	学習問題：なぜ、火山の形の盛り上がり方が違うのだろうか？ ウ たくさん積もったら大きくなるから噴火の回数じゃない？ エ 火山の色が違うからマグマの成分の違いかな？ オ 噴火の量が違うんだよ。 カ 噴火の回数と量の両方だよ。 キ マグマの粘り気が違うからじゃないかな。 ク 噴火の勢いが強い方が高くなると思う。 ケ 量の多いものと少ないもので比べる。 コ 粘り気の強いものと弱いもので比べる。 サ 急に握るものとゆっくり握るもので比べる。	◇火山は噴火したマグマが堆積してできることを確認し、噴火の様子やマグマの様子に着目できるようにする。 ◇噴火の勢い、量、粘り気の考察が出たところで学習課題を設定する。 ◇左記の予想が出るよう机間指導できちんと予想を把握しておく。 ◇各予想に対してそれぞれどのように実験したら調べられるか確認していく。	7分	
追究して	5 実験装置を用いて結果を調べる。 6 結果を考察し、分かったことを発表する。	学習課題：小麦粉マグマの量や粘り気、噴火の勢いを変えたモデル実験をして、火山の盛り上がり方が違う原因を調べよう。 シ 量を変えても大きさは一緒だけど、形は変わらないね。 ス 急に握ってもゆっくりでも形は変わらない。 セ 粘り気が違うと形が変わったよ。 ソ 粘り気の強い方が盛り上がったよ。 タ 量を変えても、勢いを変えても変わらなかったが、粘り気が変わったら形が変わった。 チ 火山の形の違いは、マグマの粘り気の違いだ。	◇量の違うもの、粘り気の違うもの同士で比べる実験の時には、握る勢いを同時にし、ゆっくり握らせる。 ◇周りを汚さないよう注意を促す。 ◇実験ができたら、ワークシートに火山の形を書き、結果を考察するよう指示する。 ◇自分の担当の実験が終わったら、他の実験を見に行くよう指導する。	9分 3分 6分	ワークシート 実験装置 ワークシート
まとめる	7 本時の学習を振り返る。	テ 火山の形が違うのは、噴火の量の違いだと思ったが、実験をしてマグマの粘り気が違うからだと分かった。	◇ワークシートに授業の振り返りを書くように指示する。 火山の形の盛り上がり方が違う原因がマグマの粘り気の違いであることをまとめる。	2分	ワークシート

図7-1 中学校第2分野単元「大地の変化」の第2時の学習指導案（略案）
（平成20年度中等理科指導法基礎の模擬授業実践資料から）

第7章　中学校の授業での学習問題と学習課題　117

```
                        ┌──────┐              ┌──────┐
                        │学習問題│              │学習課題│
                        └──┬───┘              └──┬───┘
[本時の主眼]                  │                    │
・火山の形の盛り上がり方になぜ違いがあるのかを考える場面で、小麦粉と水で作っ
 た、粘り気だけが違う小麦粉マグマと、量だけが違う小麦粉マグマと、噴火の勢い
 だけが違う小麦粉マグマの3つの噴火のモデル実験の結果を比較することを通して、
 できあがる火山の形の盛り上がり方が違う原因はマグマの粘り気の違いであること
 を理解できる。
                                    ┌──────────────────┐
                                    │本時の目標（ねらい）（＝評価規準）│
                                    └──────────────────┘
[学習問題]
・なぜ、火山の形の盛り上がり方が違うのだろうか？
[学習課題]
・小麦粉マグマの量や粘り気、噴火の勢いを変えたモデル実験をして、火山の盛り上
 がり方が違う原因を調べよう。
[評価規準]
・火山の形の盛り上がり方が違う原因がマグマの粘り気の違いであることをまとめる。
```

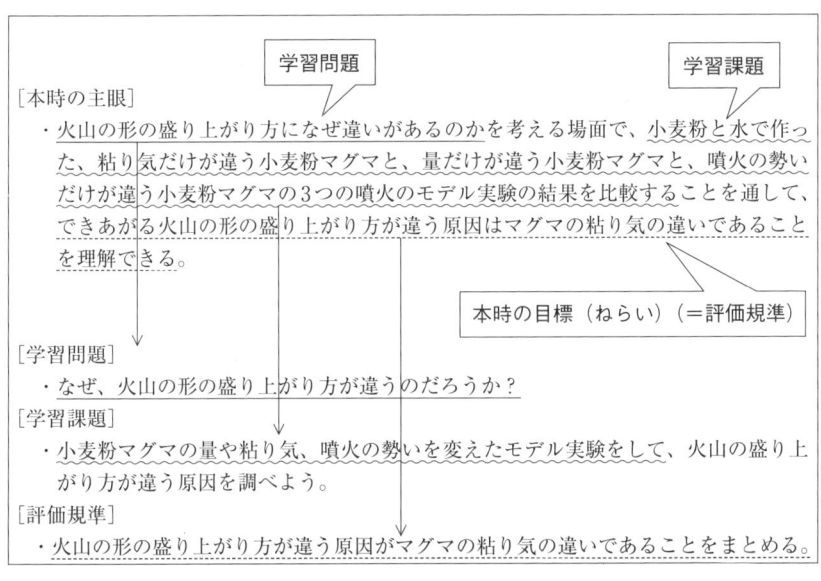

図7-2　図7-1の本時の主眼と学習問題、学習課題、評価規準の関連

　図7-2は、図7-1の本時の主眼と学習問題、学習課題、評価規準の関連を示したものである。活動場面は、「火山の形の盛り上がり方になぜ違いがあるのかを考える場面」であり、生徒が共有できる疑問として、「なぜ、火山の形の盛り上がり方が違うのだろうか？」という学習問題を提示している（写真7-1）。

　一方、主眼において、生徒が具体的に探究する活動として表現されているのは「小麦粉と水で作った、粘り気だけが違う小麦粉マグマと、量だけが違う小麦粉マグマと、噴火の勢いだけが違う小麦粉マグマの3つの噴火のモデル実験の結果を比較することを通して」である。ここでは、生徒が実際に小麦粉と水

写真7-1　学習問題を提示した場面 　　　写真7-2　学習課題を提示した場面

で作った、粘り気だけが違う小麦粉マグマと、量だけが違う小麦粉マグマと、噴火の勢いだけが違う小麦粉マグマの3つの噴火のモデル実験を行う。そして、3つのモデル実験の結果を比較して考察し、結論づけることになる。

「なぜ、火山の形の盛り上がり方が違うのだろうか？」という学習問題に対して、具体的に小麦粉と水で作った、粘り気だけが違う小麦粉マグマと、量だけが違う小麦粉マグマと、噴火の勢いだけが違う小麦粉マグマを使って、噴火のモデル実験をして3者を比較して解決を図ることを生徒が自らに課すことができる。そこで、「小麦粉マグマの量や粘り気、噴火の勢いを変えたモデル実験をして、火山の盛り上がり方が違う原因を調べよう」という生徒が共有できる学習課題を設定することができるのである（写真7-2）。

本時の目標（ねらい）は「できあがる火山の形の盛り上がり方が違う原因はマグマの粘り気の違いであることを理解できる」であり、評価規準「火山の形の盛り上がり方が違う原因がマグマの粘り気の違いであることをまとめる」が本時の目標（ねらい）と一致している。

写真7-3は、本時のまとめの場面である。1枚の黒板を有効に活用している様子を見て取ることができる。写真7-4は、粘り気の違いによるモデル実験の結果である。左のモデル実験は粘り気の強い小麦粉マグマの噴火後の様子（板書計画に示されているC）、右のモデル実験は粘り気の弱い小麦粉マグマの噴火後の様子（板書計画に示されているD）を示している。

図7-3は、図7-1の中学校第2分野単元「大地の変化」の第2時の模擬授業で使用する発問計画の一部を示している。

図7-4は、図7-1の中学校第2分野単元「大地の変化」の第2時の模擬授業で使用する板書計画を示している。

写真7-3　まとめの場面

写真7-4　粘り気の違いのモデル実験結果
（左：粘り気強（C）、右：粘り気弱（D））

実験中
進行状況を見て、「全部結果が分かったら、考察も進めていってください」。
『机間指導』：結果を前の黒板に書くように指示する。
実験結果発表【3分】
「それでは、実験結果を見ていきましょう」。
「3人に実験結果を前に書いてもらいました」。
「まずは、これを書いてくれた「～さん」マグマの量が違うとき、火山の盛り上がり方はどうでしたか？」
> 理想：マグマの量が違っても、盛り上がり方は変わらなかった。

大きさが違っていました。だから、形は違っていると思います。
　→「盛り上がり方はどうだった？」
　　　このときは、実験結果として受け取り、考察でまた出す。
「はい、ありがとう」。
「これを書いてくれた「～さん」マグマの粘り気が違うとき、火山の盛り上がり方はどうでしたか？」
> 理想：粘り気の強い方は、横に広がらなく、高く盛り上がりました。
> 　　　粘り気の弱い方は、横に広がっていき、平たくなった。

「はい、ありがとう」。
「では、これを書いてくれた「～さん」噴火の勢いが違うとき、火山の盛り上がり方はどうでしたか？」
> 理想：噴火の勢いが違っても盛り上がり方は変わりませんでした。

「はい、ありがとう。他に付け加えたいという人はいますか」。
考察【6分】
「それでは、これらの結果を基に考察してきましょう。」
「この実験で何か分かったことや気付いたことを発表してください。発表してくれる人？」
> 理想：実験結果から、火山の形の違いには、①噴火の勢いや②マグマの量に関係はほとんどなく、③マグマの粘り気の違いによるものだと言えます。

→「どうしてそう思いましたか？」
③しか出ない　「マグマの量が違うときはどういうことが言えそうですか？」
　　　　　　　　→マグマの量は、火山の形の盛り上がり方とは関係ないです。
　　　　　　　「噴火の勢いが違うときはどういうことが言えそうですか？」
　　　　　　　　→噴火の勢いは、火山の形の盛り上がり方とは関係ないです。
【①～②が出るようにする。】
「そうです。つまり、噴火の勢いやマグマの量は火山の盛り上がり方には関係なくて、マグマの粘り気に関係しているんですね」。
「他にはありますか？」
> 実験結果で大きさの話が出たとき
> 「さっきマグマの量が違うと、大きさが違うから形は違うっていう意見が出ました」。
> 「この実験はマグマの量が違うんだから大きさが違ってくるのは当然だよね。今日の学

習問題ってなんだっけ？なぜ盛り上がり方の違いがあるのかだったよね。盛り上がり方はどうだった？同じだったよね。だったら、マグマの量はどういうことが言えそうかな？火山の形の盛り上がり方に関係なさそうだよね」。

「じゃあ、今度は実際の火山だとどうか考えてみましょう。はじめに見た火山の写真を見てください。この2つの写真を見て、どちらの火山の方がマグマの粘り気が強くて、どちらの火山の方がマグマの粘り気が弱いと思いますか？」（導入で使用した写真を提示）

理想：マグマの粘り気が強い方が右で、弱い方が左だと思います。

「そうですね。右（昭和新山）の方が高く盛り上がった形をしているからマグマの粘り気が強くて、左（三原山）の方が平らな形になっているからマグマの粘り気が弱いと言えそうですね」。

「それでは、まとめに移ります」。

まとめ【2分】

（まとめの模造紙提示）

「火山の形の違いというのは、マグマの粘り気の違い、ということが分かりました」。

「ワークシートのまとめの欄にこれを書きましょう。書けた人から今日の授業の感想を書いてください」。

「書けたらワークシートを前にまわしてください」。

（全部まわってきたら）

「今日は火山の形がなぜ違うのかについて勉強しました。次の時間は、火山灰について勉強していきましょう」。

「これで終わります」。

図7-3　中学校第2分野単元「大地の変化」の第2時の模擬授業の本時の発問計画の一部
（平成20年度中等理科指導法基礎の模擬授業実践資料から）

| 盾状火山の写真 | 鐘状火山の写真 |

結果
小麦粉マグマの量　小麦粉マグマの粘り気　噴火の勢い
A　　　　B　　　　C　　　　D　　　　E　　　　F

学習問題
なぜ、火山の形の盛り上がり方が違うのだろうか？

予想
・噴火の勢いの違い
・噴火の量の違い
・粘り気の違い

考察
・量を変えても勢いも変えても火山の形は変わらず、粘り気を変えたときに火山の形が変わったことから、原因は粘り気であると考えられる。

学習課題
小麦粉マグマの量や粘り気、噴火の勢いを変えたモデル実験をして、火山の盛り上がり方が違う原因を調べよう。

まとめ
火山の形の盛り上がり方が違う原因がマグマの粘り気の違いである。

図7-4　中学校第2分野単元「大地の変化」の第2時の模擬授業の本時の板書計画
（平成20年度中等理科指導法基礎の模擬授業実践資料から）

図7-5は、図7-1の中学校第2分野単元「大地の変化」の第2時の模擬授業で使用するワークシートを示している。当該模擬授業ではワークシートを2枚使用し、授業の流れに応じて配布した。実際に活用するワークシートは、A4判サイズ片面印刷の用紙として使用する。

ワークシート1枚目

　　　　　　　　　　　　　　　　　　学籍番号＿＿＿＿＿＿＿氏名＿＿＿＿＿＿＿＿＿＿

学習問題　なぜ、火山の形の盛り上がり方が違うのだろうか？
予想してみよう

ワークシート2枚目

　　　　　　　　　　　　　　　　　　学籍番号＿＿＿＿＿＿＿氏名＿＿＿＿＿＿＿＿＿＿

学習課題

小麦粉マグマの量や粘り気、噴火の勢いを変えたモデル実験をして、火山の盛り上がり方が違う原因を調べよう。

　　　　量（質量）：A＝C＝D＝E＝F＞B　　　粘り気（小麦粉の割合）：C＞A＝B＝D＝E＝F

結果

◎小麦粉マグマの量が違うとき　　　　　　◎小麦粉マグマの粘り気が違うとき

【量：A＞B　粘り気：A＝B　勢い：A＝B】　【量：C＝D　粘り気：C＞D　勢い：C＝D】
A　　　　　　　　B　　　　　　　　　　　A　　　　　　　　B

◎噴火の勢いが違うとき　　　　　　　　　考察（学習問題の答えを考えよう）

【量：E＝F　粘り気：E＝F　勢い：E＞F】

まとめ

感想

図7-5　中学校第2分野単元「大地の変化」の第2時の模擬授業の本時で使用した2枚のワークシート
（平成20年度中等理科指導法基礎の模擬授業実践資料から）

第2節　附属中学校で公開された教育実習生による授業から

　図7-6は、中学校第2分野の第1学年の単元「植物の世界」（全20単位時間）（東京書籍2010b）の第10時の授業における学習指導案（略案）を示している。当該授業は、信州大学教育学部の第3年次に実施される中学校での教育実習で、ある年に教育実習生が教育実習期間中に実際に実践した全校研究授業であり、他の教育実習生はじめ当該附属中学校の教諭に対して公開されたものである。

　図7-7は、図7-6の中学校第1学年の単元「植物の世界」第10時の本時の主眼と学習問題、学習課題、評価規準の関連を示したものである。活動場面は、「ふ入りの葉にデンプンができる部分とできない部分がある理由を考える場面」であり、生徒が共有できる疑問として、「葉にデンプンができている部分とできていない部分があるのはなぜだろうか？」という学習問題を提示している。

　一方、主眼において、生徒が具体的に探究する活動として表現されているのは「脱色前のオオカナダモと脱色してヨウ素デンプン反応をしたオオカナダモを顕微鏡観察して観察結果を比較することを通して」である。ここでは、生徒が実際に脱色前のオオカナダモと脱色してヨウ素デンプン反応をしたオオカナダモを顕微鏡観察する活動を行う。そして、観察結果を比較して考察し、結論づけることになる。

　「葉にデンプンができている部分とできていない部分があるのはなぜだろうか？」という学習問題に対して、葉緑体の有無に着目し、具体的に脱色前のオオカナダモと脱色してヨウ素デンプン反応をしたオオカナダモを使って、顕微鏡観察して両者を比較して解決を図ることを生徒が自らに課すことができる。そこで、「オオカナダモの葉にヨウ素液を加えて顕微鏡で観察し、光合成が葉緑体で行われているかを調べよう」という生徒が共有できる学習課題を設定することができるのである。

　本時の目標（ねらい）は「植物は葉緑体で光合成することを見いだす」であ

7 本時案

(1) 主眼
　ふ入りの葉にデンプンができる部分とできない部分がある理由を考える場面で、葉緑体の有無に着目し、脱色前のオオカナダモと脱色してヨウ素デンプン反応をしたオオカナダモを顕微鏡観察して観察結果を比較することを通して、植物は葉緑体で光合成することを見いだす。

(2) 指導上の留意点
　オオカナダモの顕微鏡観察では、適正な倍率にするように指導する。

(3) 本時の展開

段階	学習活動	予想される生徒の反応	◇教師の指導・援助　評価	時間	備考
事象と出合い	1 ふ入りの葉のヨウ素デンプン反応を観察する。	ア　全部ヨウ素液に染まると思ったが、ヨウ素液に染まらない部分もあるな。 イ　同じ葉なのに光合成をする部分としない部分があるのはなぜだろうか。	◇ヨウ素液をかけた葉（脱色済みのふ入りの葉）が青紫色になる事象を提示する。 ◇イのような発言を受けて学習問題を設定する。	5分	ふ入りの葉（脱色し、ヨウ素液に反応）
課題を把握して		学習問題：葉にデンプンができている部分とできていない部分があるのはなぜだろうか？		10分	もとの葉の写真 ワークシート
	2 脱色前の葉の観察を基に、学習問題の予想をする。	ウ　脱色前の葉はどのようになっていたのだろうか。もともと違いがあったのではないか。 エ　写真と見比べると、緑色の部分にしかデンプンができていない。葉と緑色と光合成は関係があるのだろう。 オ　ふの部分は葉緑体が存在しないから白いのだった。 カ　葉緑体のある部分にデンプンができていた。光合成は葉緑体で行われるのではないだろうか。 キ　葉緑体の観察には顕微鏡が必要だ。オオカナダモを使うとよいのだな。	◇脱色前の葉の写真を提示し、葉にふの部分があったことを説明する。その上で、提示実験の結果と比較して予想するように促す。 ◇予想が進まない生徒には、葉の断面を観察したときのことを想起するように促し、植物の緑色の部分には葉緑体があったことをもとに予想できるようにする。 ◇カのような葉緑体の働きと、光合成の関係に着目した発言を受けて学習課題を設定する。 ◇顕微鏡観察には薄い葉が必要なことから、オオカナダモを観察することを伝える。		
追究して		学習課題：オオカナダモの葉にヨウ素液を加えて顕微鏡で観察し、光合成が葉緑体で行われているかを調べよう		20分	ワークシート オオカナダモ2種類 顕微鏡観察用
	3 オオカナダモを用いて葉緑体にデンプンができている様子を	ク　脱色していないオオカナダモと脱色したオオカナダモを顕微鏡で見て、どの部分が青紫色になっているかを見比べればよいのだ。	◇脱色をしていないオオカナダモとヨウ素液に反応したオオカナダモを顕微鏡観察し、葉緑体の状態を比較することを伝え、観察の手順を説明する。		

まとめる		観察する。	ケ 脱色をしていないオオカナダモを顕微鏡で見ると、細胞の中に緑色をした粒が見える。これは葉緑体だ。	◇机間指導の留意点 ・顕微鏡を正しく用いて観察を行っているか。行えていない場合は、共に実験方法を確認する。		具
			コ 脱色したオオカナダモにヨウ素液をつけたものを顕微鏡で見ると、葉の全体が青紫色に染まっているわけではない。	・葉緑体がヨウ素液に反応していることに気付いているか。気付いていない場合は再度観察するように促し、葉緑体とヨウ素デンプン反応をしている部分とを対応できるように対話する。		
	4 観察結果を考察する。		サ ヨウ素液に反応しているオオカナダモは、細胞の中の粒が青紫色に染まっている。			
			シ 脱色をしていないオオカナダモと、ヨウ素液に反応したオオカナダモを顕微鏡で見比べてみると、葉緑体の部分にヨウ素液の反応が見られるといえる。	◇2つの観察結果の比較をもとに、考察をするように促す。 オオカナダモの観察と比較から、植物は葉緑体で光合成することをまとめる。(ワークシート)	10分	ワークシート
			ス 葉緑体は光合成をしてデンプンを作る場所だといえる。ふ入りの葉の場合、ふの部分には葉緑体がないから、デンプンができなかったのだ。	◇光合成が葉緑体で行われていることをまとめられない生徒には、教科書の顕微鏡写真を提示して見比べるように促し、葉緑体でデンプンが見られることとデンプンは光合成によって生成することを結びつけて考えられるようにする。		
	5 本時の学習を振り返る。		セ 植物で緑色をしている部分は光合成でデンプンを作るし、緑色をしていない部分は光合成をしないのだ。植物の色を見れば光合成するかを判断できるのだ。	◇本時の学習を振り返り、自分の見方や考え方の変容についてまとめる。	5分	ワークシート
			ソ 今まで光合成をする場所は知らなかった。今日の学習で、葉緑体で光合成が行われていることを知り、葉の白い部分でデンプンができない理由についても納得できた。			

(4) 反省

図7-6 中学校第1学年の単元「植物の世界」第10時の学習指導案(略案)
(平成19年度基礎教育実習における他教科共同参観授業実践資料から)

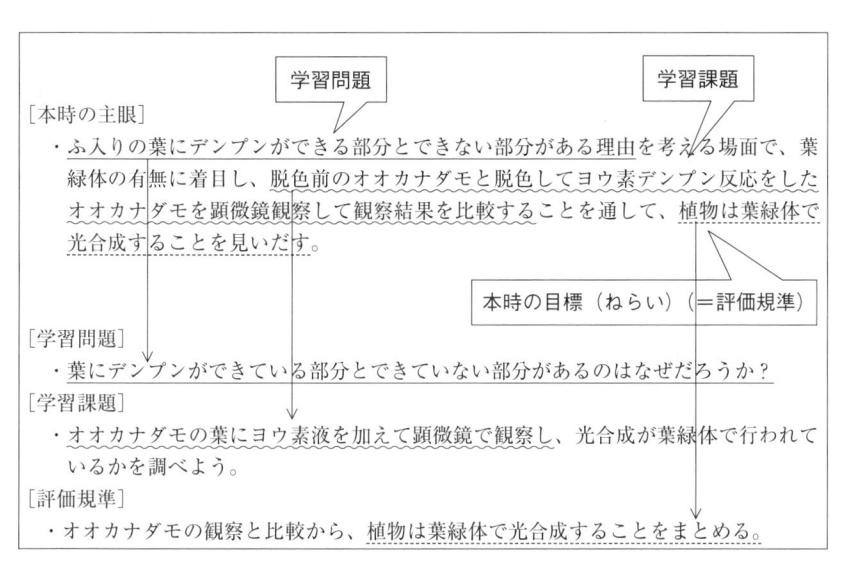

```
┌─────────────────────────────────────────────────────────────────┐
│                          学習問題              学習課題          │
│ ［本時の主眼］                                                   │
│ ・ふ入りの葉にデンプンができる部分とできない部分がある理由を考える場面で、葉 │
│  緑体の有無に着目し、脱色前のオオカナダモと脱色してヨウ素デンプン反応をした │
│  オオカナダモを顕微鏡観察して観察結果を比較することを通して、植物は葉緑体で │
│  光合成することを見いだす。                                      │
│                                                                 │
│                            本時の目標（ねらい）（＝評価規準）    │
│ ［学習問題］                                                     │
│ ・葉にデンプンができている部分とできていない部分があるのはなぜだろうか？ │
│ ［学習課題］                                                     │
│ ・オオカナダモの葉にヨウ素液を加えて顕微鏡で観察し、光合成が葉緑体で行われて │
│  いるかを調べよう。                                              │
│ ［評価規準］                                                     │
│ ・オオカナダモの観察と比較から、植物は葉緑体で光合成することをまとめる。 │
└─────────────────────────────────────────────────────────────────┘

図7-7　図7-6の本時の主眼と学習問題、学習課題、評価規準の関連

り、評価規準「植物は葉緑体で光合成することをまとめる」が本時の目標（ねらい）と一致している。

　図7-8は、図7-6の中学校第1学年の単元「植物の世界」第10時の学習指導案（略案）の授業における発問計画と板書計画の例を示している。中学校で使用する発問計画というのは、実際の授業を行う際に、授業者がどのように発問をしたらよいのかを、50分の単位時間の時間の流れに沿って立案しておく計画のことである。立案できたら、自分でシミュレーションしたり友人を生徒役にしてリハーサルをしたりしながら、よりよい計画に仕上げていくことが大切である。図中の3次という記述は、立案した原案を2回修正して3回目に仕上がったものをもって実際の授業に臨んだということを表しているものである。

　授業中に、この発問計画を片手に持って台本のように読みながら授業をすることなどはない。何回もつくり直していく過程で、また何回もシミュレーションしたりリハーサルをしたりする過程を通して、発問計画を逐一見なくても授業の過程が頭の中に入っていくものである。しかし、初めての理科の授業に臨
```

発問計画　3次

1. はい、皆さん前に集合！ここに1枚の葉があります。光を全体に十分に当てた後、脱色したものです。
   これからヨウ素液で色をつけるのですが、どうなると思いますか？　→青紫に染まる
   【ヨウ素デンプン反応の葉を提示】（ヨウ素液たらし、見せて、カメラに映す）
   どうですか？何か気づくことはありませんか？→デンプンができている部分とできていない部分がある。
   そうだよね。どうして同じ葉っぱなのに、このようにデンプンができる場所とできない場所があったのでしょうか？これをみんなで考えていきましょう。
   学習問題：葉にデンプンができている部分とできていない部分があるのはなぜだろうか？ 5分

2. それでは予想していってもらうのですが、実は先生は昨日同じような実験をやって、その様子を写真にとってあります。【写真を提示】このような葉を使いました。今の実験も同じ葉を使いました。これも参考にして予想を立てて下さい。　　→（位置に注意）

   「枯れた」…なぜ枯れてると思った？緑色じゃないからだよね。ということで、色に着目していってみよう。
   …これ実は枯れているわけじゃないんだ。「ふ」って言って、白い模様みたいなものだな。
   ワークシートに予想ができた人はどれぐらいいますか？手をあげて下さい。
   →　C　デンプンができていない部分は白色（ふの部分）だった。
   それでは、緑色の部分と白色の部分で、植物のつくりにはどんな違いがあるのかな？
   →　B　緑の部分には葉緑体があり、白色の部分にはない。　　C〜Aは「続けてどうでしょう？」で板書計画変更！
   "葉緑体"という意見が出ましたが、重ねてどうでしょう？
   →　A　緑色だった部分にだけにデンプンができていたことから葉緑体が光合成をしているのではないか。
   【板書】
   このような見通しがもてそうですね。

	緑色の部分	白色の部分
	・デンプンできる	・デンプンできない
	・光合成する	・光合成しない
	・葉緑体ある	・葉緑体ない
	見通し（A）	

   ※机間指導でC→B→Aと関連づけて考えられるように指導する。（ここが授業の勝負）
   これから実際に観察を行って調べていってもらうのですが、(黒板を指しながら) 葉緑体を調べていけばよいですね？
   どのように（何を使って）調べればよいですか？→顕微鏡を使う。
   そうですね。でも、この植物では葉が厚く、葉緑体がうまく見えません。そこで、よく見えるようにするためこのオオカナダモを用意しました。これは葉がとても薄いので、葉緑体の観察に適しています。なんと葉っぱをそのまま顕微鏡で見るだけで、細胞と葉緑体が見えるのです。これを使って調べていきましょう。

学習課題へいきます。　　　　　　　　　　　　※二重線で囲む

> 学習課題：光合成が葉緑体で行われているか、オオカナダモの葉にヨウ素液を加えて、顕微鏡で観察してみよう。

10分

3.【実験方法提示】今から、ヨウ素液で色をつけた葉と何もしていない普通の葉のプレパラートを2枚ずつ配ります。それを顕微鏡で観察してもらうのですが、①まずは何もしていない普通の葉を観察してください。そこで、葉緑体を確認しましょう。ちなみに葉緑体　次に、②色をつけたものを観察してください。あとは、自由に見比べてもらって結構です。ちなみに顕微鏡の倍率ですが、まずは100倍で見て、ピントが合ったら400倍で見てみましょう。（対物レンズとプレパラートの距離がかなり近くなると思うので、観察の際は注意してください）観察した結果は、どんどんワークシートに書き込んでいきましょう。終了時間は11:05分です。

　実験道具を配ります。1・2番さんは顕微鏡を持ってくるのですが、顕微鏡の番号と同じレンズを使わなければいけないので、自分のもってきた顕微鏡の番号を覚えて、前にレンズを取りに来てください。あと申し訳ないのですが、窓際の班の人は、光の関係で木箱の顕微鏡を使って下さい。後ろに蛍光灯の光源があるので、あれもとってくること。3番さんは前にプレパラートをとりに来る。それでは始め！（接眼レンズ、電池）
　※【机間指導】　進行状況を見て、「結果をまとめられた班は考察も進めていって下さい」 15分

4.【机間指導なし】それでは、実験結果を発表してもらいましょう。
　【2人ほどワークシートを持って前へ】カメラで映して説明させる（スケッチと文章など違うタイプの2人をなるべく）。

> 理想：・オオカナダモを顕微鏡で見たら、細胞の中に葉緑体があるのが見えた。
> 　　　・脱色をしたオオカナダモにヨウ素液をかけたものは、細胞の中に青紫色の粒が見えた。
> 　　　○葉緑体の様子と、青紫の粒は色が違うだけで形やある場所は似ている。

はい、ありがとう。今このように発表してくれたけど、付け加えなどありますか？　3〜4分
それでは、結果を基に、考察していきましょう。
【机間指導：2分ほど】

> 理想：葉緑体にデンプンができていたことから、葉緑体のはたらきは光合成であるといえる。このことから最初の実験の葉のふの部分には、光合成をはたらきとする葉緑体がなかったために、同じ葉でも光合成をする部分としない部分があった。

※2〜3人に指名。時間に応じて変更。【板書工夫】
　はい、ありがとう。

5.　それでは、振り返りを書いていきましょう。【机間指導】時間に応じて

> 理想：今まで光合成が行われる場所は知らなかった。今日の学習で、葉緑体で光合成が行われていることを知り、葉の白い部分でデンプンができない理由についても納得できた。

※授業評価 5分
【版書計画】

学習問題
　葉にデンプンができている部分とできていな部分があるのはなぜだろうか？

予想
緑色の部分	白色の部分
・デンプンできる	・デンプンできない
・光合成する	・光合成しない
・葉緑体ある	・葉緑体ない

見通し（A）

学習課題
　オオカナダモの葉にヨウ素液を加えて顕微鏡で観察し、光合成が葉緑体で行われているかを調べよう。

実験方法
　実験方法を書いた模造紙

実験終了時間　11:05

実験結果【結果はワークシートをカメラで映す】
【結果を説明させる】
・オオカナダモを顕微鏡で見たら、細胞の中に葉緑体があるのが見えた。
・脱色をしたオオカナダモにヨウ素液をかけたものは、細胞の中に青紫色の粒が見えた。
・葉緑体の様子と、青紫の粒は色が違うだけで形やある場所は似ている。

最初は…
　コリウスの写真　　模造紙のスクリーン

考察【板書を工夫する】
葉緑体にデンプンができていたことから、葉緑体のはたらきは光合成であるといえる。
このことから
最初の実験の葉のふの部分には、光合成をはたらきをする葉緑体がなかったために、同じ葉でも光合成する部分としない部分がある。

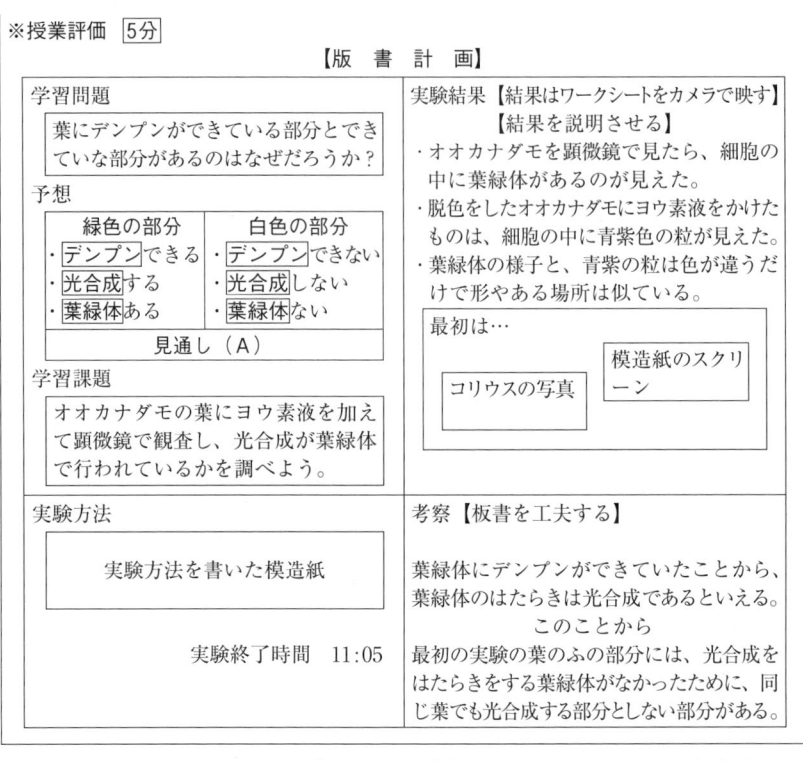

図7-8　中学校第1学年の単元「植物の世界」第10時の本時の発問計画と板書計画
（平成19年度基礎教育実習における他教科共同参観授業実践資料から）

むに当たっては、この発問計画を教卓の上に置いておいて、ポイントとなるところでこの発問計画を確認しながら授業を進めるとよい。緊張のあまり、次に何をしたらよいか分からなくなってしまうというようなことを避けることができるからである。

　また、どんなに素晴らしい発問計画を用意して授業に臨んだとしても、実際の授業では、多様な理解をする生徒が実に多様な反応を示すことによって、計画していた授業の流れ通りには進まないことが往々にしてある。そのようなときに慌てずに済むように、事前に予想できる生徒の反応は考えられるだけ考えておくことである。どのような反応がきたら、どのように対応することができるのかを事前に把握しておくことは、授業の展開中にあなたに余裕を与えてく

れることになる。

　授業を構想するときは、どうしても教える側の一方的な見方で授業づくりが行われるため、なかなか生徒の反応を予想しづらい。そのようなときは、ぜひ、視点を変えて、自分がこの授業を受けるとしたらどのように反応するであろうか、この発問をされたら自分が生徒であったらどのように受け止めるであろうか、ということを考えながら構想することが大切となる。

　学習指導案（略案）はあくまでも、授業前に計画した原案であるので、生徒の反応にしたがって学習指導案（略案）の計画を変更し、柔軟に授業を展開することが望ましい。特に、理科の場合、観察、実験を行って問題解決を図ることが多いので、あなたが期待して計画した観察、実験の結果や考察に至らないことがある。そのような場面に遭遇したときには、図7-9のように具体的に手立てを講じてみてはいかがであろうか。

　図7-9の①が最も望ましい。時間的な余裕がない場合には、②でもやむを得ない。くれぐれも「今日は○○のようになりましたが、実際には教科書に書

---

① 生徒に対して、授業者が期待していなかった結果を還元する。
「どうしてこのような結果になったのでしょうか。みんなで考えてみましょう」。
この方法は、場合によっては次時への継続となることが多いので、年間指導計画の中で慎重に進めることが必要である。時間的な余裕がない場合には避けなければならない。
② 生徒を教卓の周りに集め、授業者が代表して演示実験を改めてもう1回する。
「私（授業者）がもう1回やってみますから、よく見ててください」。
この方法は、授業者の期待する結果等が得られない可能性がある観察、実験の場合に、事前に想定しておいて準備しておく必要がある。改めて行う演示実験では、必ず、期待する観察、実験結果を残さなければならない。
③ 授業者が事前に予備実験しておいた観察、実験結果を紹介する。
「私が皆さんと同じ観察、実験を授業の前に何回もやってみた結果を紹介します」。
この方法は、②と同様、授業者の期待する結果等が得られない可能性がある観察、実験の場合に、事前に想定しておいて準備しておく必要がある。児童・生徒が実際に、授業の場で実際に目の前で観察することができないので、「本当にそのような結果になるの？」という疑問が残る。恣意的に何かを操作して得た結果ではないのかという疑念が生じるのである。最低限、授業で行う条件と同じ環境下で観察、実験を行ったという映像を証拠として、示さなければならない。やむを得ない場合は致し方ないが、できれば避けたい方法である。

図7-9　期待する観察、実験の結果に至らなかったときの手立て

いてあるようになりますから、覚えておきましょう」等と、授業者の期待する結果を一方的に押しつけることのないようにしなければならない。

一方、板書計画というのは、50分の単位時間の中で、黒板をどのように使用するのかということを示した授業者の計画である。1単位時間においては、原則として、50分で黒板全面を使用する。使用しないスペースを作らない。1度書いた文字あるいは図表、スケッチ等は授業終了まで消すことや書き直すことはしない。

図7-8に示した板書計画は、4つに仕切られている。これは、図7-6の中学校第1学年の単元「植物の世界」第10時の学習指導案（略案）の授業の行われた理科室の正面に2枚の黒板が上下に移動できるようになっていて、さらにそれぞれの黒板が左右2つに分けられていることによる。したがって、4枚の黒板をそれぞれ必要に応じて使い分けているのである。

図7-10は、図7-6の中学校第1学年の単元「植物の世界」第10時の学習指導案（略案）の授業で使用するワークシートの例を示している。ワークシー

ワークシート

年　　組氏名＿＿＿＿＿＿＿＿

学習問題　葉にデンプンができている部分とできていない部分があるのはなぜだろうか？

予想

学習課題　＿＿＿＿＿＿＿＿＿＿＿＿＿＿＿＿

実験

絵や言葉で結果をまとめよう

考察：このような結果になった　このことから　学習問題のこたえはこうなる

振り返り

図7-10　中学校第1学年の単元「植物の世界」第10時の本時で使用するワークシート
（平成19年度基礎教育実習における他教科共同参観授業実践資料から）

トとは、単位時間の授業において生徒が探究に対応しながら書き込んでいくことのできるプリントである。授業の始まりと同時に配布する場合もあれば、授業の流れに応じてその都度配布する場合もある。授業終了後に全生徒分を回収し、記述された内容から本時の主眼の達成状況を把握することができる。

　実験結果を記入する欄に加えて、予想の欄と考察の欄が設けてある。理科の授業の場合、必ず、予想の欄と考察の欄を設定しておくことが大切である。予想を記入する時間を必ず取る。その予想をした理由も合わせて書かせる。生徒が予想とその理由を記入しているときに、あなたは机間指導を行う。一人ひとりの生徒がどのような予想を書いているのかをその机間指導の時に把握しておき、予想を発表させるときにその結果を生かすのである。

　机間指導を生かすことのできる利点の1つは、授業者の期待する予想あるいは想定していなかった予想をした生徒を意図的に指名して発表させることができることである。1つは、想定していなかった予想を記入した生徒を事前に把握することができるので、その予想が発表されたときにどのような発話を返したらよいかを考える余裕を持つことができる利点である。考察の場合も同様である。

第8章

事故防止・安全教育・薬品管理のしかた

第1節　事故の未然防止に向けてすること

　理科の授業を実践する上では、想定される事故を未然に防止し、児童・生徒が安全に観察、実験することのできる環境を整えておくことは何より大切である。初めて理科の授業をする者だから、あるいは何年かぶりで担当することになったからといって、避けて通ることのできるものではない。初めて理科の授業づくりをするあなたも、たとえ模擬授業であったとしても、あなた自身そして児童・生徒による事故を未然に防止し、安全に観察、実験を行うことができるよう最大限の努力を払う必要がある。

　本章では、事故を未然に防止し、安全に観察、実験を行うことのできる理科の授業づくりについて述べる。

　小学校においても中学校においても、理科の授業において観察、実験等を実施する上で事故防止に留意しなければならないという記述は、学習指導要領の中に見られる。

　図 8-1 は、平成 20 年 3 月告示の小学校学習指導要領理科の指導計画の作成と内容の取扱いの中の内容の取扱いの一部を示している。小学校の理科の授業を行う際には、観察、実験、栽培、ものづくりの指導において事故の防止に十分留意することが示されている。

第8章 事故防止・安全教育・薬品管理のしかた　*133*

第3　指導計画の作成と内容の取扱い（中略）
2　第2の内容の取り扱いについては、次の事項に配慮するものとする。
(1)　観察、実験、栽培、飼育及びものづくりの指導については、指導内容に応じてコンピュータ、視聴覚機器などを適切に活用できるようにすること。また、事故の防止に十分留意すること。

図8-1　小学校学習指導要領理科の内容の取扱いの一部
（文部科学省 2008a, 70 から引用）

第3　指導計画の作成と内容の取扱い（中略）
3　観察、実験、野外観察の指導においては、特に事故防止に十分留意するとともに、使用薬品の管理及び廃棄についても適切な措置をとるよう配慮するものとする。

図8-2　中学校学習指導要領理科の内容の取扱いの一部
（文部科学省 2008c, 73 から引用）

　図8-2は、平成20年3月告示の中学校学習指導要領理科の指導計画の作成と内容の取扱いの中の一部を示している。中学校の理科の授業を行う際には、観察、実験、野外観察の指導において特に事故の防止に十分留意することが示されている。また、使用する薬品の管理や廃棄についても適切な措置をとるようにしなければならないことが明記されている。

　理科は、自然の事物・現象を対象とした教科であるだけに、小学校においても中学校においても、理科の授業では観察、実験等を通して自然の事物・現象を解明できるように探究することとなる。したがって、理科の授業づくりに当たっては必ず、観察、実験等が計画される。観察、実験等は理科の授業づくりであなた自身が計画するものであるから、当然、その観察、実験に伴う危険は、計画したあなた自身が事前に把握することはできるはずである。

　また、認識が十分でなかったために起こる取扱いの不十分さから生じる事故や、常識であると思っていて「このくらい、指導しなくても分かっているであろう」という教師と児童・生徒との認識のずれから生じる事故も十分に想定できるものである。そのような想定できる事故は、必ず未然に防止する必要がある。

　そのためには、次の事柄に留意して理科の授業づくりを行うことが大切であ

る（文部科学省 2008d, 107-110; 角屋ら 2005; 大日本図書教育研究室 2010）。

（1）授業の目標をはっきりさせておく

　年間指導計画や単元の指導計画、そして本時の指導の計画について概観してきたが、年間指導計画や単元の指導計画の中には、観察、実験等がどのような目標を達成するために実施されるのかを明確にしておくことが必要である。

　観察、実験等が行われることによってどのような目標が達成されるのかを明確にしておくことによって、その目標を達成するために観察、実験が位置づいていることが個々に認識され、目的意識を持って観察、実験に臨むことができるとともに、校内の理科教員同士の連携も迅速にでき、事故防止につながるものである。

（2）児童・生徒の観察、実験の習熟の様子を把握する

　理科の授業づくりに当たって観察、実験を構想する際に、児童・生徒一人ひとりの観察、実験の技能の習熟度を掌握し、技能の習熟の程度に合った観察、実験を選ぶことや、学習の目標や内容に照らして効果的で、安全性の高い教材や観察、実験の方法を選ぶことが大切である。

　また、小学校であれば養護教諭と、中学校であれば学級担任や養護教諭と、日頃から児童・生徒の様子について情報交換を密に行い、授業において配慮すべき児童・生徒については、その実態を把握しておくことが大切である。

（3）連絡・報告体制を確認しておく

　万が一、事故が起きたときには、負傷者に対する応急処置や医師との連絡、他の児童・生徒に対する指導など、すべてをあなた一人で対応するのはなかなか難しい。保健室、救急病院、関係諸機関、校長及び教職員等とどのように連絡を取ったらよいのか、どこにどのように報告したらよいのかを一覧表にして、見やすい場所に掲示する等、協力体制を整えておくことが必要である。事故発生の際には、保護者への連絡を忘れてはならない。

　初めての理科の授業に臨む前に、必ず、着任した学校の連絡体制がどのよう

になっているのかを、理科主任ないしは教頭に聞いて事前に確認しておくことが肝要である。連絡体制を確認しないまま、初めての理科の授業を始めてしまうことのないように心がける。

（4） 必ず自分で予備実験を行い、余裕を持ってする

　理科の授業を構想し終えたら、実践する前に必ず、自分で予備実験を行うことである。特に、初めて理科の授業づくりを行うあなたには、自分で予備実験することは必須である。決して、自分で実験せずに他の人が実験した結果を見たり聞いたりしただけで予備実験をしたことにして終わってしまってはならない。現在、インターネット上には、さまざまな実験結果が画像付きで公開されている。ときには、動画をみることもできるような観察、実験もあり、便利である。

　しかし、画像や動画を見たり先輩から聞いたりするのと、実際に自分でやってみるのとでは雲泥の差である。「あれっ、先輩から聞いたのとは違うなあ」とか「動画みたいな結果にはならないなあ」というのがしょっちゅうなのである。決して人任せにせず、自分の目で見て自分の体験として情報を残しておくことである。できれば、予備実験の結果をしっかり記録しておくことを勧める。

　もう1つ、予備実験は時間的な余裕を持って行うことである。明日の授業で使用する観察、実験の予備実験を前日の放課後にやってみても、もし不具合等が生じた場合には対応できないことは明らかである。長期休業中に、次の学期で実施することを計画している単元で行う予定の観察、実験について予備実験することが大切である。

　たとえば、着任した年度の夏季休業中に、2学期（8〜12月）に行う予定の観察、実験について予備実験しておくのである。冬季休業中には3学期（1〜3月）に行う予定の観察、実験について予備実験する。そして、年度末・年度始休業中に、翌年度（着任2年目）の1学期（4〜7月）に行う予定の観察、実験について予備実験を行うように心がける。

　着任した年度の1学期については、予備実験する時間を取ることが難しい

であろう。できれば、着任早々にでも、理科室や理科準備室に慣れることを兼ねて、1学期分の観察、実験について予備実験をすることを勧める。その場合だけは平日の放課後をうまく利用してやるしかない。

　自分で予備実験をすることによるメリットは2つある。1つは、自分で予備実験をすることによって、使用する薬品の濃度をどの程度にすることによってどのような反応が起こって事故につながるのか、といった危険の要素を把握することができる点である。使用する頻度の高いガラス器具の破損状況を予備実験で事前に把握することでき、危険を未然に防止することができる。

　また、観察、実験で使う器具が期待通り機能するかどうか、壊れていて動作しないかどうか、を実際に確認することは予備実験として不可欠である。たとえば、中学校の第2学年の電流の単元であれば、電源装置のつまみをどの程度回せば電圧がどの程度まで高くなるのか、は自分でやってみないことには分からない。まして、電源装置をグループに1台ずつ全部で10台使うのであれば、10台すべての電源装置を調べてみる必要がある。

　小学校の第3学年の理科であれば、豆電球がすべて点灯するのかどうか、リード線が切断されていないのかどうかを使用するすべてのものについて予備実験をしておかなければならない。

　そのことを通して、適切な観察、実験の条件を自ら導き出すことができる。特に、薬品を取り扱うときには、その薬品の性質、特に爆発性、引火性、有毒性等の危険の有無を十分に調べた上で取り扱うことを忘れてはならない。

　もう1つは、初めて理科の授業づくりをするあなただからこそ、予備実験を自分でやってみるとうまくいかないところ（うまくいかないというのは教科書に掲載されているような期待される結果が得られないあるいは理論値通りの実験値が得られないということである）が見えてくるのである。つまり、児童・生徒の気持ちになって観察、実験ができることが最大のメリットであり、児童・生徒がどこでつまずいてどこで期待される結果に導くことができないのかを知ることができるのである。

（5） 観察、実験器具を日頃から点検しておく

　自分で予備実験してみると、観察、実験器具が期待通り機能するかどうかは一目瞭然である。たとえば、着任した中学校の理科室に電源装置が10台しかなく、予備実験をしてみたところ、1台が壊れていて機能しなかったとしたら、9台で10グループの観察、実験をしなければならなくなるのである。その弊害はすべて児童・生徒にふりかかることを肝に銘じておかなければならない。

　したがって、着任した年度に使用する観察、実験の器具については、常日頃から整備点検を心掛けなければならない。これが十分でないと、観察、実験の際、児童・生徒に対する指導が効率的に行われなくなることが危惧されるだけでなく、授業中の児童・生徒の怪我や事故につながりやすい。

　また、使用頻度の高いガラス器具等はひび割れが原因で予期せぬ事故を起こしてしまうこともあるので、常日頃からの点検が大切である。

（6） 整理整頓し、消火用のバケツ等を用意しておく

　理科室内を整理整頓しておくことも大切である。初めての人にとっては「えっ？整理整頓がどうして大切なの？」と思うかもしれないが、理科室の中に段ボールや木材、テレビ台等のいろいろなものが整理整頓されずにおいてあると、当然のことながら空間が狭くなる。児童・生徒が試験管やビーカーに水溶液を入れて動き回るときに、すれ違うことができなかったりつまずいて転んでしまったりして事故につながる危険性が高くなるのである。

　また、防火対策として消火器と消火用の水を入れたバケツを用意しておくことが望ましい。水が蒸発してしまっていて、実際に使おうと思ったときには水がほとんど入っていなくて、機能しなかったなどということのないようにしなければならない。

　また、消火器が置いてあるとはいっても、使用に耐えうる状況になっているかどうかをきちんと確認することも必要である。あなたは実際に消火器を使ったことがあるであろうか。学校では必ず避難訓練が1年に数回計画されているので、もし消火器の模擬体験をすることができるようであれば、進んで申し出

て体験させてもらうことを勧める。

　合わせて、防火用の砂を入れたバケツも合わせて常備しておくことが望ましい。主にアルミ紛やマグネシウム等の金属火災等に対して用いられるとともに、危険物類の流出対策用ともなるのでぜひ備えておきたい。

　理科の授業が始まったら、授業中には換気にも注意を払うことが必要である。特に、中学校の場合には、アンモニアや硫化水素等の刺激臭をもつ気体や有毒な気体を発生する観察、実験があるので、十分な換気をする必要がある。

　さらに、理科準備室には、児童・生徒が万が一、怪我をしたときに備えて、分かりやすい場所を選んで救急箱を用意しておくことも忘れてはならないことである。

　したがって、初めて理科の授業をするあなたは、着任して理科室に行ったら、図8-3の5点を確認する必要がある。

　万が一、揃ってなかった場合には理科主任に申し出て、揃えてもらう必要がある。もしあなた自身が理科主任を命ぜられていたとしたら、即刻、揃えてほしい。消火器や救急箱等、予算を伴う物品については、教頭に相談すれば良い。

---

①理科室内が整理整頓されているかどうか。
②理科室内に、消火器が置いてあるかどうか、その消火器は古くないかどうか。
③理科室内に、消火用の水を入れたバケツが置いてあるかどうか。
④理科室内に、防火用の砂を入れたバケツが置いてあるかどうか。
⑤理科準備室内に、救急箱が置いてあるかどうか。

図8-3　着任したら理科室内の状況として確認する観点

（7）児童・生徒に観察や実験のときの服装等を指導する

　観察、実験のときの服装について指導しなければならない。実際に、袖口の広い衣服を着ていて、器具に袖口を引っかけて薬品を倒した事例がある。そのような事故を防ぐために、上下とも余分な飾りがなく機能的な服装をさせるように指導する。中学校であれば、理科室で理科の授業をする場合には、常に体育着に着替えさせて受けさせるようにすることも考えられる。

また、上下とも、できるだけ皮膚の露出部分が少なく、緊急の場合に容易に脱ぐことができるもので、引火しにくい素材の服が望ましい。
　前ボタンは必ず留めるように指導する。前ボタンが外れていることによって、万が一、手に持っている試験管等が引っかからないとも限らないからである。長い髪の児童・生徒がいた場合には、髪の毛を後ろで束ねて縛っておくことができるよう指導する。第7節でも述べるが、長い髪が加熱器具の真上にきて、やけどをしてしまう可能性は否定できない。長い髪を手で押さえて観察、実験に臨むこともできようが、それは、限られた時間の中で授業の目標を達成しようとする理科の授業においては機能的でも効率的でもない。この2件に限らず、事前に想定される危険があれば、それは未然に防ぐ努力をしなければならない。
　また、飛散した水溶液や破砕した岩石片などが目に入る可能性のある観察、実験では、保護眼鏡を着用させるようにする。

(8) 児童・生徒に基本操作や正しい使い方を指導する

　児童・生徒にも、危険を防止し、安全に観察、実験をすることに対して、注目させることが大切である。観察、実験において事故を防止するためには、基本操作や観察、実験器具の正しい使い方等に習熟させるとともに、観察、実験器具を誤って操作したときや誤って使ってしまったときの危険性について認識させておくことが重要である。
　たとえば、加熱器具として使用するアルコールランプやガスバーナー等の操作について、アルコールやガスの特性等を十分に理解させるとともに、それらの加熱器具の機能を理解させた上で、確実で合理的な実験器具の操作に習熟させることが大切である。特に、中学校においては、初めてガスバーナーを取り扱う際に、ガスバーナーを分解しながら、その機能を理解させた上で、操作に習熟させるよう工夫することも大切である。
　また、図8-4のような観察、実験の基本的な事柄も、年度当初の理科の授業の時に児童・生徒に話をして、これらの点について常にできるような態度を習得させることも必要である。小学校の中学年を担当したときには、場合に

・観察、実験中にふざけて事故を起こすことのないよう教師の指示に従うこと。
・机上は整頓して操作を行うこと。
・観察、実験が終了したら、使用した器具類に薬品が残っていないようにきれいに洗って元の場所へ返却し、最後に手を洗うこと。
・観察、実験に使用せずに余った薬品を返却すること。
・試験管やビーカーを割ってしまったときには教師に報告して、ガラスの破片などをきれいに片付けること。

図8-4　児童・生徒に対して観察、実験に関して指導する基本的な事柄

よっては、模造紙に大きく書いて、理科室の中のいつも見ることのできる位置に掲示しておく工夫も考えられる。

　児童・生徒に対する安全指導については、第7節でも述べるので、そちらも参照されたい。

（9）　野外観察を実施する場合、下見をして、事前指導を行う

　最後に、野外観察における留意点である。生物的領域と地学的領域の内容に対応するものであり、主に植物観察や地層・岩石観察あるいは動植物や地層を含めた自然観察が考えられる。

　初めて理科の授業づくりをするあなたが、野外観察を実施したいと希望した場合には、次のような手順を踏む必要がある。

① 年間指導計画を確認する。

　まず第1に、年間指導計画のところでも述べたように、あなたが着任した年度の理科の年間指導計画はすでに前の年度の2〜3月に前任者によってつくられている。そこで、その年間指導計画を確認する必要がある。その年間指導計画の中にあなたの希望する野外観察が計画されていればそれでよいが、そうでない場合は野外観察を新たに実施するように年間指導計画を見直す必要がある。

　その場合、小学校と中学校では組織体制が異なるので、見直しの手続きが若干違う。

　小学校の場合、学年単学級（1つの学年に学級数が1つである）である場合には、理科主任と教頭に見直したい旨の相談をする（学校によっては教務主

任のところもあるので、特に野外観察を新たに実施したいと考えた場合には誰に代案を提出したらよいのか、まず教頭に相談するとよい）。もちろん、ただ「見直したい」とか「野外観察を実施したい」と単純に申し出るわけにはいかないので、見直す必要がある、あるいは野外観察を新たに実施する必要があると訴えるに足るだけの資料を添えなければならない。

　学校現場ではそれを「代案」という。前年度の前任者がつくった年間指導計画が、当該年度の年間指導計画の原案に相当するので、それに対して代わりとなる原案という意味である。なぜ、野外観察を新たに実施しなければならないのか、その明確な目的と野外観察の実施によって達成する目標、そして後述する下見計画、事前指導計画、当日の実施計画を策定して、それらを提出するのである。

　学年複数学級（1つの学年に複数の学級が存在する）の場合は、学年主任と理科主任に相談する。学年複数学級の学校の場合、野外観察となればあなたの学級だけということにはできないはずである。おそらく、学年で合わせて実施するということになるから、まずは学年主任に相談することである。

　中学校の場合、理科主任に相談する。学年単学級でも複数学級でも同じである。あなたが理科主任に命ぜられた場合には教頭に相談する。

　特に、学年複数学級の場合には、小学校の学年複数学級の場合と同様に、あなたの担当する学級だけで野外観察ということにはならず、当該学年で統一して指導することになるはずである。したがって、野外観察をする場合にはあなたの担当する学級を含めた学年全学級で実施することになる。

　一方、あなたが計画していなかったにもかかわらず、着任した学校の理科の年間指導計画に野外観察が計画されていた場合には、その計画にしたがって、野外観察を実施することが望ましい。前の年度の担当者が、自然の事物・現象をよりよく探究させて科学的な見方や考え方を身に付けさせるためには野外観察が不可欠であると判断して計画したものであるから、その計画を尊重すべきである。

　すでに理科の年間指導計画の中に野外観察が計画されている場合には、おそらく、目的、目標をはじめ、後述するような下見計画、事前指導計画、当日の

実施計画が練られていて、前の年度のものが保管されているはずである。それを理科主任に申し出て、確認する必要がある。理科主任が交代していて不在であるような場合には、教頭に確認することが必要である。

② 予算を立案する。

学校周辺のフィールドの野外観察であれば、それほど多額の予算を必要としない。それでも、フィールド・ノート等をあなたが準備して児童・生徒に配布することを考えた場合には、予算の立案を伴う。

学校周辺に良いフィールドが見当たらずに、やむを得ず、遠方にバス等を使って出かけていく場合には、貸切バスを使用するならばその代金を見積もる必要があるし、公共交通機関を利用して移動する計画の場合にはその料金を見積もる必要がある。また、野外観察に出かけた折に、科学館や博物館の見学を合わせて実施したい場合にはその入場料や利用料が必要となる。

一般的には、上記のような場合は、どの程度の予算を必要とするのかを事前に調査し、野外観察に必要な経費を算出し、それを児童・生徒から集めることになる。総額を参加予定の児童・生徒の人数分で除して、1人あたりの必要経費を算出し、さらにそれを一括して集めるのか学校指定の銀行口座等に振り込んでもらうのか、あるいは月割りにして一般経費とともに集金するのか、を決めなければならない。

③ 目的、目標を考える。

教育活動である限り、必ず目的がある。前任者が当該年度の年間指導計画の中に野外観察を計画している場合には、前任者の設定した目的を確認する。修正が必要な場合には、前述のとおり、理科主任や学年主任または教頭に相談して適切に修正を図る。目的が設定されてない場合には、必ず新たに目的を設定する。

次に、目的が設定されたら、その目的を達成するためにどのような目標が必要なのかを策定する。野外観察の実施によって達成されるべき目標を設定するのである。目的と同様に、修正あるいは新たな設定が必要な場合には所定の措置を取る。

④ 下見計画をつくる。

　野外観察の場合、下見に出かける下見計画（事前調査計画）を必ずつくる。学年全学級で実施する場合や、学校全学級で実施する場合は必須である。下見計画をつくるための下見に出かける。複数の教員で行くことが望ましい。

　図8-5は、下見計画に必要な事項である。

```
・実施日時
・実施日程
・下見の住所及び地域
・参加者
・移動手段
・下見の際に立ち寄る施設（見学予定の博物館、トイレを借りる施設等）
・緊急連絡先
```

図8-5　下見計画として盛り込む項目

⑤ 下見をする。

　図8-6は、下見をするに当たって、留意することである。特に、雨天決行の計画の場合には、雨が降ったときに観察、実験できる広さが確保できるかどうかを慎重に検討しなければならない。

　雨天決行の計画では、雨の時には雨合羽等を用意するように事前指導するのであるが、実際に雨が降ってみると児童・生徒は傘をさして観察、実験することが往々にして見られる。その場合の観察、実験場所の確保が野外観察におけ

```
・コース、歩行距離、所要時間が児童・生徒の負担にならないか。
・車の往来や歩行に危険はないか。
・トイレ、安全な場所に休憩場所があるか。
・トイレや休憩場所として借用する施設への挨拶
・迷路、危険な箇所はないか。
・危険を伴う生き物の有無と所在
・気象の変化やそれに伴う状況変化時の避難場所、避難方法
・避難場所として借用する施設への挨拶
・医療機関の所在と緊急連絡方法
```

図8-6　下見の時に現地で確認してくる事柄

る課題となる。

⑥ 児童・生徒に対する事前指導計画をつくる。

　図8-7は、事前指導計画に記載すべき必要な事項である。

```
・実施日時
・実施日程
・対象学級児童・生徒
・会場
・実施内容
　　当日の実施計画の説明
　　事前準備　　　　地図の配布
　　　　　　　　　　持参品・服装（雨合羽・帽子・軍手・滑らないしっかりした靴・長
　　　　　　　　　　靴等の確認
　　　　　　　　　　ハンマーや保護眼鏡等の準備品の確認等
　　野外観察実施に必要な知識・技能等の指導
　　野外観察の仕方の指導
```

図8-7　事前指導計画に盛り込む項目

⑦ 事前指導を行う。
　・秩序ある規律正しい行動、特に、集合・点呼、歩行などの集団行動の指導を徹底させる。
　・服装及び持ち物については、帽子は必ず着用させ、皮膚の露出部分が少なめの服装をさせる。
　・先端のとがった器具の携行に特に注意する。
　・荷物はリュックサックに入れ、常に両手を空けておく。
　・雨具、水筒は必ず持たせる。
　・危険な虫、けがをしやすい植物については、事前に児童・生徒に指導しておく。

⑧ 当日の実施計画をつくる。

　野外観察当日は、教育課程上、1時間目から6時間目まですべて理科の授業となるであろうから、学年主任や理科主任だけでなく、教務主任や教頭とよく相談し、前後の理科の授業との入れ替えについて検討して日程を決めることが

大切である。特に、日程調整は教務主任とよく相談することが肝要である。

　雨天決行か、雨天中止かも十分に検討し、雨天中止の場合に当日の時間割をどうするのかも十分に検討し、児童・生徒に混乱を来さないように指導することが必要である。給食のある学校の場合には、1日日程での野外観察の場合にはおそらく、当日の給食は事前に止めてあるであろうから、弁当を持参するよう児童・生徒に十分に指導しておく必要がある。

　当日の実施計画ができあがったら、合わせて保護者向けの文書を作る。理科主任、教頭に点検してもらって、校長の決裁を受ける。そして、各学級担任に児童・生徒に配布してもらえるように文書を印刷して手渡す。

　無理な計画は心身の疲労を生じさせ、事故につながるので、下見の結果に基づいて無理のない適切な計画を策定する。

　図8-8は、当日の実施計画に必要な事項である。

・野外観察を実施する目的
・児童・生徒が達成する目標
・実施日時
　※雨天決行か、雨天中止かを明記する。雨天中止の場合の当日の日程（時間割も含めて）も記載する。
　※雨天決行でも雨天中止でも給食がない場合には、弁当持参を徹底する。
・実施日程
　※集合場所と解散場所も明記する。学校集合なのか、現地集合なのかによって保護者への協力のお願いの仕方が変わってくる。学校解散なのか、復路で随時解散になるのか、現地解散になるのかによっても保護者への協力のお願いの仕方が異なる。
・対象学級
　※やむを得ない事情によって野外観察に参加できない児童・生徒が学校に登校して勉強する体制をどのように整えるのかを検討しておく必要がある。
・実施内容
　※どのような内容をどのように指導するのかを明記する。特に、どの場所でだれがどれだけの内容をどのようにして指導するのかについては事前に引率教員の間で共通理解を図っておく必要がある。たとえば、当日観察する露頭が5つ存在したとしたら、あなたが5つ全部を指導するのか、それとも最初の露頭はあなたが指導して、次の露頭は別の教諭が指導して、というように分担するのか、を決めておく。
　※大勢の人数で出かける場合、1隊で実施するのか2隊に分けて時間をずらして実施するのか（たとえば、A隊は8時00分出発でB隊は8時30分出発とする）、2隊を観察、実験の場所を分けて実施するのか（たとえば、A隊はS→T→U→Vの順序で観察させ、B隊はV→U→T→Sの順で観察させる）を明記する。
・当日までの準備（個人で用意する用具、学校で一括して用意する用具）
・服装
・当日の留意事項
・引率教員とその役割分担
・緊急連絡先

図8-8　当日の実施計画に盛り込む項目と記載内容

⑨ 現地で指導する。

　当日は、引率教員と連携、協力して安全に野外観察が実施できるよう力を尽くす。児童・生徒が長い列をつくって歩行することも十分に考えられるので、トランシーバー等を用意して引率教員同士の連絡を密に取り合うことが大切である。

　雨天で決行した場合には、見通しが悪くなる上に、傘をさして横に広がって歩行することもあるので、交通安全を含めて事故のないよう十分に留意する必要がある。雨による道路や崖等が滑りやすくなっていることによって、けがを誘発する可能性が高くなるので児童・生徒に対する指導を十分に行う。また、体が雨に濡れて体力を奪うとともに体温も下がってしまいかねないので、無理せずに早めに切り上げることも視野に入れて引率を心がけることが大切である。

　図8-9は、当日の現地での指導に必要な事項である。

・教師は2名以上で児童・生徒の掌握を確実に行う。
・採集器具などは、正しく使わせる。
・児童・生徒の健康や気象、周囲の状況変化に常に注意を払い、異常事態に際しては冷静な判断の下で迅速に行動できるよう努める。

図8-9　当日の現地で指導する際に留意すべき事項

第2節　薬品の管理

　初めて理科の授業をしようとする人、初めて理科主任になった人、新採用教員として4月から初めて小学校の現場に着任する人にとっては、理科室の薬品ってどうやって管理したらよいんだろう？というのが正直な気持ちなのではないであろうか。まして、今まで自分一人で薬品の調製を一度もしたことのない人や、今まで一度も理科準備室の中に入ったことのない人、理科準備室の中に入ったことがあったとしても薬品庫の中を見たことのない人にとっては、気が重いであろう。

しかし、そのような人でも小学校の教師になって第5学年及び第6学年の学級担任を命ぜられたからには、そうもいっていられない。初めてであったとしても、薬品を使わなければならない（たとえば、小学校第5学年の学級担任になったらヨウ素液を使わなければならない）。薬品を使い終わったらしっかり保管しておかなければならない。そして、薬品の量が足りなくなったら購入しなければならない。

 そこで、初めてそのような事態に対応しなければならなくなった人のために、薬品を保管したり購入したりするためにはどのようにしたらよいのか、について紹介したい（新潟県学校薬剤師会ら 1993, 23）。

(1) 薬品台帳（薬品の使用記録簿）

 小学校でも中学校でも、現在、学校の中にどのような薬品がどれだけどこに保管されているのかが、必ず記録されている。その記録されている記録簿（帳簿）を薬品台帳と呼ぶ。

 薬品台帳は、二重購入を防いだり薬品の不足や過剰を把握し、児童・生徒の学習に支障を来さないようにするため、及び現在保有の薬品の種類と量を把握することによって盗難による紛失等の事故を未然に防ぐために整備し、有効に活用されなければならない。

 したがって、初めての学校に着任したら、理科の授業をする前に、まず第一に、理科主任の先生にお願いして薬品台帳を見せてもらうことである。小規模校に着任して自分が理科主任に命ぜられた場合には、当該校の教頭に申し出て、前年度までの薬品台帳を必ず見せてもらうことである。必ず保管されているはずである。存在しないなどということはない。一般的には、理科準備室の中の薬品庫の近くか、利用しやすい目立つ場所に置いてあるはずである。

 次に、薬品台帳を見せてもらうことができたら、次のことを確認する必要がある。薬品台帳を作成する上で、必ず必要なことであるからである。あなたが理科主任となって実際に管理する可能性もあることなので、しっかりと確認してほしい。

 もし、記述されている状況に至っていないようであったら、即時、理科主任

に申し出て改善をお願いすることである。あなたが理科主任であるとしたら、即時、あなた自身が改善を図るべきである。

- 台帳には、保管場所、毒劇物、危険物等の別、性質等が記載されているか。
- 台帳には、薬品名、繰り越し量、購入量、使用量、廃棄量、現在保有量等が正確に記入できるようになっているか。
- 台帳は、五十音順の配列や、化学式に合わせたもの、薬品庫に対応したもの等を考え、当該校に対応した使いやすいものとして作成されているか。実際に自分で使うことになるので、使いやすいかどうかは自分で判断することが大切である。初めて見せてもらったときには、ヨウ素液、石灰水、塩酸、過酸化水素水、水酸化ナトリウムの中から1つ選んで、記載されている内容を確認することである。実際に薬品を使うときには事前にチェックすることと、長期休業中の余裕のある時を見計らって、必ずすべてに目を通しておくことである。
- 台帳は取扱責任者が交代しても、引き継ぎが確実に行われるように継続性のある記入方式が望ましいので、そのようになっているか。
- 長期休業中に1回（夏季休業中に1回、冬季休業中に1回、年度末・年度始休業中に1回）は台帳と薬品の現在保有量とが照合され、保管場所や保管方法が適切かどうかが確認されているか。その際、危険物について少量危険物指数が計算され、保有量が確認されているか。
- もし、薬品が紛失していることに気付いたら、速やかに理科主任（あるいは取扱責任者）及び校長に届けるシステムをできているかどうか（薬品が紛失していることが判明したら、だれに報告すればよいのかを確認しておくとよい）。

なお、図8-10は、新潟県学校薬剤師会ら（1993, 23）による薬品台帳の一例を示している。

No.88

薬品名　メタノール　　〔少量危険物指定数量：80 L〕

分類　劇 4

毒物　　(劇物)　(危険物（4 - アル))　普通物　　（○を付ける）

取扱い、保管上の注意
機密、火気厳禁、開栓時注意

性質
揮発性、引火点（6.5℃）
吸湿性、毒性強

年度	月/日	繰越量 本数（内訳）	購入数 本数（内訳）	使用量 本数（内訳）	廃棄量 本数（内訳）	現在保有量 本数（内訳）	氏名
92	4/10	3 (500 ml × 2) (300 ml × 1)				3 (500 ml × 2) (300 ml × 1)	山田
	5/11			$\frac{4}{5}$ (400ml)		2 (500 ml × 1) (400 ml × 1)	川口
	6/15		2 (500 ml × 2)			4 (500 ml × 3) (400 ml × 1)	山田
	7/30					(確)(500 ml × 3) 4 (400 ml × 1)	山田
				（省　略）			
	3/31					(確)(500 ml × 1) 2 (400 ml × 1)	山田
93	4/1	2 (500 ml × 1) (400 ml × 1)				2 (500 ml × 1) (400 ml × 1)	海野

図 8-10　薬品台帳の一例
（新潟県学校薬剤師会ら 1993 を一部改変）

（2）薬品庫

　薬品台帳を見せてもらったら、次に薬品庫を見せてもらうことである。必ず、鍵を開けて、次の観点から中の様子を確認することが大切である（新潟県学校薬剤師会ら 1993, 24; 角屋ら 2005）。最初に、「薬品庫の鍵はどこにありますか？」と聞いてみよう。薬品庫に鍵がかかってない、あるいは鍵をかけることができないほど古い、鍵の保管場所を誰も知らない、などということがないようにしなければならない。

薬品台帳の時と同じように、もし、あなたの学校の薬品庫がここに書かれている状況に至っていないようであったら、即時、理科主任に申し出て改善をお願いすることである。あなたが理科主任であるとしたら、即時、あなた自身が改善を図るべきである。

- 薬品庫は必ず施錠し、鍵の保管場所が明らかにされているか。
- 薬品の容器は密閉して保管されているか。
- 薬品類は何段にも渡って積み上げて保管されてないか。
- 危険度の高い薬品類は、下段に格納されているか。また、必要に応じて砂箱内に格納する等の措置が講じられているか。
- 混合発火の危険のある薬品類は、種類別に分けて、別な場所に保管されているか。
- 自然発火の危険のある薬品類は、十分な量の保護液にて保管されているか。
- 保有する薬品類が、必要最小限の量になっているか。たとえば、小学校第6学年で使用する塩酸は、1年間使っても 500mℓ のびんが空っぽになるほど使用するものではない。それが薬品庫の中を見てみたら、塩酸のびんが5本もあった、などということがあってはならない。
- ラベルのとれた薬品名の不明な薬品、不要な薬品、過剰在庫のある薬品はないか。
- 薬品庫は火気及び湿気を避け、直射日光の当たらない場所に設置されているか。
- 薬品庫は地震等により転倒しないように壁面に固定する等の必要な措置が講じられているか。また、薬品容器の転倒、転落を防止する方策（たとえば、仕切り板のあるセパレート・タイプのトレイ等の容器に入れて転倒を防いだり入口に固定された棒（転落防止バー）を設置して転落を防いだりする）を適切に講じているか。

図8-11は小学校の薬品配列例、図8-12は中学校の薬品配列例を示している（新潟県学校薬剤師会ら 1993, 25-27）。

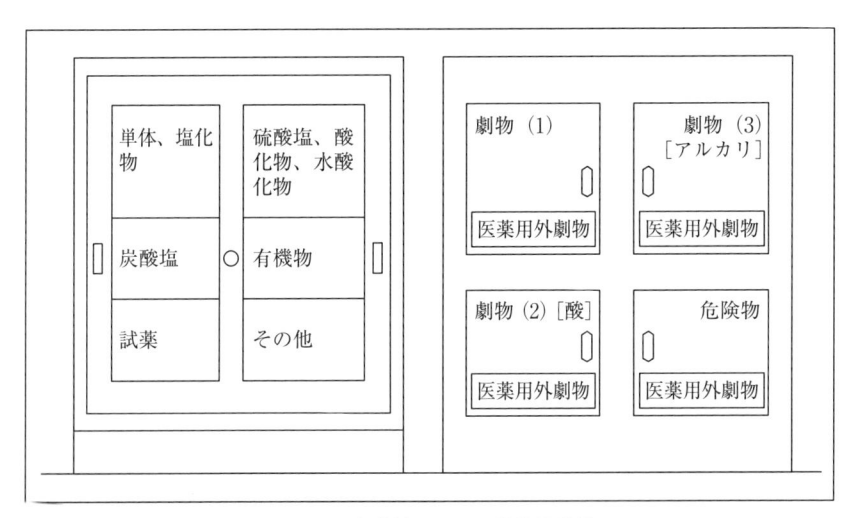

図8-11　小学校における薬品配列例
（新潟県学校薬剤師会ら1993）

（3）薬品の取扱い

　初めての学校に着任して、上記の事柄を確認できたら、まずは一安心である。次は、実際の単元を実践する際に、薬品を使うときに次の点に心がけることである。初めての人は、理科主任に申し出て処置してもらうことが必要であり、あなたが理科主任にであるとしたら速やかに自分で手続きを取らなければならない。

- ・台帳は、使用した者がその都度責任を持って記入し、薬品を使い切ったときも速やかに記入するように心がける。
- ・薬品を調製するときには、その都度必要量を使用し、必ず使い切ることが大切である。余ったものは、薬品の廃棄の手順等にしたがって廃棄する。
- ・ラベルのとれた薬品名の不明な薬品、不要な薬品、過剰在庫のある薬品が出てきたら、廃棄等の手続きを速やかに取る。
- ・薬品類は理科室及び理科準備室の実験台や机の上等に放置せず、必ず薬品庫に保管する。
- ・毒物や劇物、危険物の薬品類の取扱い、表示、廃棄の方法等については、

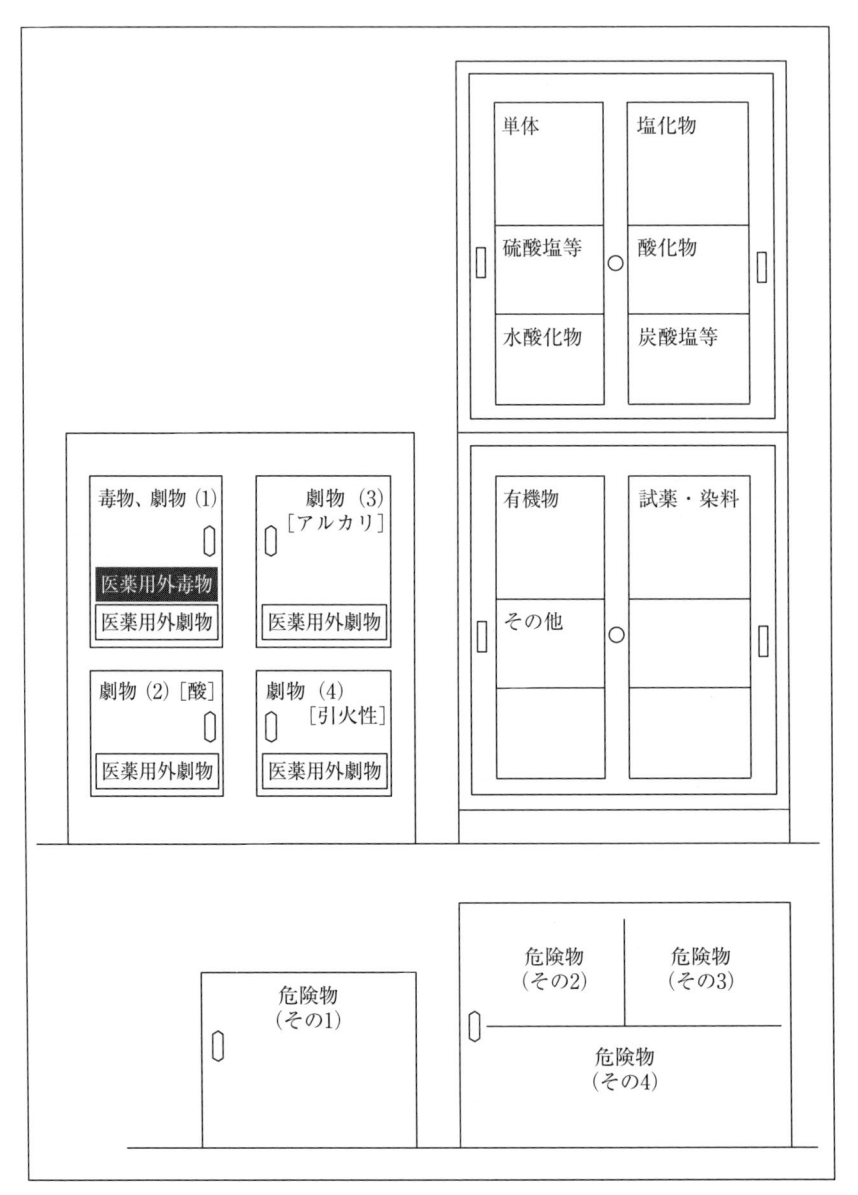

図8-12　中学校における薬品配列例
(新潟県学校薬剤師会ら1993)

毒物及び劇物取締法等の規定に従って適正に行う。

（4） 薬品の購入

最後に、薬品を購入するときにはどのようにしたらよいのであろうか。初めて薬品を購入しなければならなくなったら、次の点に留意する必要がある（新潟県学校薬剤師会ら 1993, 22）。

- 学校で使用する薬品は、必ず年間指導計画に従って、計画的に購入する。安全を徹底するため、決して、予算措置されたからといって、必要以上の薬品の種類、量をまとめて購入することはしないように心がける。
- 薬品の性質を熟知し、変質しやすい薬品はまとめて大量に購入しない。
- 薬品を購入するに当たっては、勤務校での購入手続きを明確にしておく。薬品取扱責任者（薬品購入責任者。理科主任がなる場合が多い）を通して購入するシステムを構築しておき、いろいろな人がむやみに別々に購入して、薬品の所在や現在量が把握できないことのないようにする。
- 薬品が納品されたら、直ちに薬品の容器に購入年月日及び格納場所を記載する。また、毒物は、使用の都度、使用者名、使用量を記入する。

第3節　薬品の種類

学校には、数多くの薬品が保管されている。初めて理科の授業をする人や中学校以来久しぶりに理科の実験をする人にとっては、「石灰水」と聞いて「ああ、あれか」と思うであろう。その次には「なんだ。小学校で使うんだから、たいしたことないか」とも思うかもしれない。しかし、初めて理科の授業をする人や自分が中学生のときにやった実験以来久しぶりに理科の実験をする人にとっては、案外、知っていない石灰水の特徴があるやに思われる。

ここでは、小学校で初めて理科の授業をする人は、大学で理科を専門としてこなかった人が多いことから、そのような思いを持っているのではないかと考えられるので、特に、小学校で扱う代表的な薬品の特徴を紹介する。あくまで

も学校で扱う代表的な薬品の一部にしか過ぎないので、本書のみで安心せず、子どもたちのためにも、これを機会にしてぜひ多くの薬品の特徴を自分で調べていただけることを願っている。

次節でも述べるが、小学校の場合、平成20年3月告示の学習指導要領の内容によれば、小学校第3学年と第4学年には化学薬品の調製を必要とする単元はない。したがって、小学校に着任した場合、第5学年と第6学年に配属された場合のみ、薬品の調製を必要とする授業に臨むことになる。

自分で薬品を調製するからには、その性質や特徴を十分に知っておく必要がある。そこで、本書では、信濃教育出版社（2010a）の公開している平成23年度の理科の年間指導計画において小学校第5学年と第6学年で使用するヨウ素液、そして第6学年で使用する石灰水、塩酸、過酸化水素水、水酸化ナトリウムについて紹介する（角屋ら2005；大日本図書教育研究室2010）。

【ヨウ素液】小学校第5学年単元「種子の発芽」、第6学年「人と他の動物の体」、第6学年「植物の体とはたらき」（信濃教育出版社2010a））

ヨウ素液はヨウ素をヨウ化カリウム水溶液に溶かしたものである。ヨウ素は特異臭をもつ昇華（固体を熱すると液体ではなく直接気体となる）しやすい暗紫色の結晶で、有毒である。ヨードチンキはヨウ素をヨウ化カリウム・エタノール溶液に溶かしたものである。

【石灰水】小学校第6学年単元「ものの燃え方と空気」、第6学年「水溶液のはたらき」（信濃教育出版社2010a））

石灰水は水酸化カルシウム（消石灰）の飽和水溶液である。溶液はアルカリ性を示し、二酸化炭素、炭酸塩と反応して白色の炭酸カルシウムの沈殿を作る。溶解度（100gの飽和水溶液に溶けている量）は25℃で0.129g、60℃で0.0917gであり、ミョウバンと違って温度が高くなると溶けにくくなる。

【塩酸】小学校第6学年単元「ものの燃え方と空気」、第6学年「水溶液のはたらき」（信濃教育出版社2010a））

塩化水素の水溶液であり、劇物である。無色で強い刺激臭があり、水溶液は酸性を示す。鉄、アルミニウム、亜鉛を溶かして水素を発生し、石灰石と反応して二酸化炭素を発生する。皮膚、衣料品をおかす。市販の濃塩酸は 12mol で、栓を開けると塩化水素が蒸発し、空気中の水蒸気と反応して白煙を生じる。

【過酸化水素水】小学校第6学年単元「ものの燃え方と空気」、第6学年「水溶液のはたらき」（信濃教育出版社 2010a））

過酸化水素の水溶液であり、劇物である。二酸化マンガンの触媒によって分解し、酸素を発生する。市販の過酸化水素水は30％程度の濃い溶液で、酸素を発生させるときは3〜5％の薄い溶液で使用する。3％水溶液を薬局ではオキシドールと呼び、劇物ではなく、薬用殺菌剤である。

【水酸化ナトリウム】小学校第6学年単元「ものの燃え方と空気」、第6学年「水溶液のはたらき」（信濃教育出版社 2010a））

劇物扱いである。白色の固体で水によく溶け、水酸化ナトリウム水溶液はアルカリ性を示す。水に溶けるときに多量の熱を発生するので、一度に大量に溶かすと危険である。潮解性があり、空気中に放置すると水分を吸ってべたべたになる。水溶液はアルミニウムを溶かして水素を発生させる。塩酸と中和して塩化ナトリウムをつくる。空気中の二酸化炭素と反応し、炭酸ナトリウムの膜をつくる。皮膚をおかす（ピリピリして痛い）ので、皮膚に付けないように、取扱いには注意が必要である。長期保存するときは、ガラスを腐食するためポリエチレンの容器を使う。

第4節　薬品の薄め方

　初めて理科の授業をする人や初めて指示薬を作ったり塩酸を薄めたりする人にとっては、化学薬品をどのようにして調合したりどのようにして薄い水溶液を作ったらよいかなどは、なかなか難しく、分かりにくいのではないかと思われる。特に、中学校や高等学校で化学を苦手としてきた人や実際に実験をしてこなった人にとっては、なおさらである。

　小学校に着任して初めて理科の授業をする人は、もともと理科を専門としない人が多いであろうから、ここでは小学校での薬品の調製について述べることとする。

　小学校の場合、平成20年3月告示の学習指導要領の内容によれば、小学校第3学年と第4学年には化学薬品の調製を必要とする単元はない。したがって、小学校に着任した場合、第5学年と第6学年に配属された場合のみ、薬品の調製を必要とする授業に臨むことになる。

（1）ヨウ素液

　小学校第5学年の場合、調製の必要な薬品はヨウ素液だけである。4月中旬から始まる単元「種子の発芽」（全10単位時間）（信濃教育出版社 2010a）で使用する。したがって、4月に着任したら、まず第一に理科室に行って、ヨウ素液の保管状況を確認した方がよい。授業直前になって、使用したいと思って薬品庫を探しても見つからなかったなどということのないようにしなければならない。

　ヨウ素液は、市販の希ヨードチンキ（イソジンうがい薬でも代用できる）を水で50〜200倍に薄めて作るのが、初心者にとっては簡単に安全に作れてよい。薬品の取扱いに少し慣れている人ならば、$0.05\,mol/\ell$ のヨウ素液を使って、水を $40\,m\ell$ とそのヨウ素液 $10\,m\ell$ をビーカーに入れると $0.01\,mol/\ell$ のヨウ素液が $50\,m\ell$ を作ることができる。ヨウ素液の一般的な濃さは、紅茶の色と覚えておくとよい。$0.01\,mol/\ell$ のヨウ素液は、インゲンマメのデンプンがきれいな青

紫色になるのを観察することができるので重宝する。あるいは、水250mℓにヨウ化カリウム 0.5g を溶かした液に、ヨウ素 0.3g を溶かして作る（角屋ら2005；大日本図書教育研究室 2010）。

ヨウ素液については、次の点も注意する（角屋ら 2005）。
・ヨウ素液は、光や熱に対して変質しやすく、変色するとデンプンを調べる力も弱くなってしまうので、保管するときは褐色の瓶に入れて暗い温度の低いところに置くとよい。
・ヨウ素液が目や皮膚についたら、多量の水で洗い流す。
・衣服につくと洗剤で洗っても落ちない。ビタミンCなどの還元剤をつけ、ヨウ素の色が消えたら（イオンになったら）水で洗い流すとよい。
・ヨウ素の気体は有毒なので、誤って吸引しないように注意する。
・ヨウ素は劇物なので、絶対に口に入ることのないよう注意する。だ液を使う実験ではうっかり口に入る危険があるので、厳重に注意する。万が一、飲み込んだら、すぐに病院で診察を受ける。

（2）石灰水

一方、小学校第6学年となると、調製の必要な薬品が格段に増加する。その意味においては、小学校第6学年に配属が決まったら、心して準備しなければならないと思わなければならない。

信濃教育出版社（2010a）の第6学年の理科の年間指導計画によれば、4月当初から始まって5月中旬まで続く計画となっている単元「ものの燃え方と空気」（全12単位時間）において、調製の必要な薬品として石灰水、薄い塩酸、薄い過酸化水素水を使用する。したがって、第6学年の学級担任として着任したり担当になった場合には、早速に理科準備室に行って薬品庫の中の石灰水、塩酸、過酸化水素水の保管状況を確認する必要がある。

また、石灰水と薄い塩酸は、1～2月にかけて実施する計画となっている単元「水溶液のはたらき」（全12単位時間）（信濃教育出版社 2010a）においても使用する。単元「水溶液のはたらき」（全12単位時間）（信濃教育出版社2010a）では水酸化ナトリウムも使用する。したがって、第6学年では調製の

必要な薬品として、石灰水、塩酸、過酸化水素水、水酸化ナトリウムを使用することになるのである。

それではまず、石灰水のつくり方である。

石灰水はおそらく、すでに理科室なり理科準備室なりのどこかに専用容器に入って作られていることであろうが、必ず予備実験を行って石灰水が正常に機能するかどうかを確認する必要がある。

石灰水は、水に水酸化カルシウムを入れてよくかき混ぜる。1日以上放置して生じた上澄み液を採取して使用するのである。薬品の取り扱いに少し慣れている人ならば、水酸化カルシウム（消石灰）10gを500cm^{3}に加えてよくかき混ぜる。石灰水は、二酸化炭素を吸収して白色の炭酸カルシウムの沈殿を生じる。したがって、呼気を吹き込むと炭酸カルシウムが生じるために白く濁るのである。しばらく放置しておくと、その濁りが沈殿する。さらに二酸化炭素を通すと、炭酸水素カルシウムとなって、透明になる。

石灰水については次の点も注意する（角屋ら2005）。

・空気中に放置しておくと、空気中の二酸化炭素を吸収して白く濁ってしまうので専用の容器に入れて保管する。

・減ってきたら、水を加えてよく振り、1日放置しておくとよい。

・容器や器具に付着した炭酸カルシウムは希塩酸（1規定）で洗うと簡単にとれる。

・石灰水は、目や皮膚につくと炎症を起こすので、ついた場合にはすぐに多量の水で洗い流す。すぐ医師の手当を受ける。

・口に入った場合にはよく口をすすぐ。

・消石灰（水酸化カルシウム）と間違えて、生石灰（酸化カルシウム。乾燥剤に使われるもの）を使ってはいけない。生石灰を水に加えると多量の熱を発生し危険である。名前が似ているので、初心者にとっては間違いやすいので注意が必要である。

（3）塩　酸

次に、塩酸である。

小学校第6学年の学級担任になると、2つの単元で薄い塩酸を使用するので、濃い塩酸を薄めて作らなければならないが、濃い塩酸から薄い塩酸を一人で作ったことがあるであろうか。初めての人にとっては少しやっかいかもしれない。初めて理科の授業で薄い塩酸を使う人にとっては本書を読んだだけでは上手にできるとは限らないので、本書を読み終わったら、水道水でよいので一度練習することをぜひ勧めたい。

濃い塩酸を薄めるときには、次のようなことに留意する必要がある（角屋ら2005；大日本図書教育研究室2010）。

児童・生徒が実験する場合には、あらかじめ薄めておいた塩酸を用いるようにし、決して原液（市販のままの濃塩酸）を児童・生徒に出さないことが重要である。薄めるときにも、十分に換気に注意しなければならない。誤ってこぼしたときのために必ず机の上にぬれぞうきんを用意しておくことや、安全めがねを使用することも忘れてはならないことである。

薄い塩酸を作るとき（市販の濃塩酸のままの原液を薄めるとき）は、次のような手順で行う。

① ガラス棒に伝わらせて加える作業は難しいので、一度、水だけで練習する。
② 水での練習が終わったら、身支度をする。
　・長い髪はしばる。
　・安全めがねを装着する。
　・白衣のような綿製品（そでがせまいもの）を着用する。
　・うすいゴム手袋をする。
　・歩きやすい靴を履く。
③ 薄める作業に必要な、市販の濃塩酸の瓶、メスシリンダー、ビーカー、ガラス棒を準備する。
④ 作業に入る前に、まず、換気扇を回すなどして、室内の換気を必ず十分に行う。薄める作業は、必ず換気をしながら行う。

⑤　作業机の上に、ぬれぞうきんを用意する。
⑥　薄める作業に入ると、まず市販の濃塩酸の瓶を持つが、必ずラベルを上にして持つ。万が一、こぼれた場合にも、たれた液でラベルがおかされないようにするためである。常に、ラベルを上にして持つことを無意識にできるように習慣づけたい。
⑦　次に、栓を開けるが、ゆっくり開ける。その際、開けた栓から白煙が出るが、塩化水素である。多量に吸うと肺をおかされる危険があるので、吸い込まないように十分に注意する。少量であったとしても鼻をつく痛みを伴うような刺激臭がするので、吸い込まないように十分に注意する。
⑧　そして、濃塩酸の瓶から出る白煙に十分に注意しながら、濃塩酸を必要な量だけゆっくりとメスシリンダーではかり取る。
⑨　はかり取った濃塩酸を水の中に、ガラス棒に伝わらせながら少しずつゆっくりと静かに加えて薄める。
⑩　使用した薬品類を薬品庫に片付けるとともに、使用したガラス器具等を洗浄する。
⑪　終わったら、必ず石けんで手を洗う。

　濃塩酸の中に水を加えると発熱して塩酸が飛び散ることがあるので、絶対に避けなければならない。一度に入れるとはねて危険なので、ゆっくりと静かに少しずつ入れることが大切である。また、注ぐ容器と入れる容器を離して注ぐと、はねて危険なのでガラス棒に伝わらせながら入れることが大切である。

　たとえば、第6学年単元「ものの燃え方と空気」では、石灰石（炭酸カルシウム）と反応させて二酸化炭素を発生させる実験がある（信濃教育出版社 2010a）。また、第6学年単元「水溶液のはたらき」ではアルミニウム片と反応させる実験がある（信濃教育出版社 2010a）。このときに使用する 3mol の薄い塩酸を作るには、市販の 12mol 濃塩酸 125mℓ をメスシリンダーにはかり取る。それをビーカーに入れておいた水 300mℓ の中に、ガラス棒に伝わらせながら少しずつゆっくりと静かに入れていく。その中に、さらに水を加えて 500mℓ とする。最終的に、3mol 塩酸が 500mℓ 調製できる（大日本図書教育研究室 2010）。

また、第6学年単元「水溶液のはたらき」の中には、リトマス紙を使って調べる実験もある（信濃教育出版社 2010a）。このときに使用する 0.3mol の薄い塩酸を作るには、上記で調製した 3mol の薄い塩酸 50ml を水 300ml の入ったビーカーに少しずつ静かに加える。その中に、さらに水を加えて 500ml とする。最終的に、0.3mol の薄い塩酸が 500ml 調製できる。

液量は試験管の5分の1程度にすること、実験が終わっても中の液を流しに捨てないようにすること、を児童・生徒に徹底するように指導しておくことが大切である（角屋ら 2005）。

（4） 過酸化水素水

続いて、過酸化水素水である。

市販の過酸化水素水は 30％程度の濃い溶液であるので、絶対にこの濃度のまま使用することは避けなければならない。実験には 3～5％に薄めた水溶液を使用する。開栓の際は、吹き出すことがあるので、少しずつゆるめながら開栓する。また、開栓の際にはゴム手袋をして行うとよい。

過酸化水素水は、第6学年単元「ものの燃え方と空気」において、酸素を発生させる実験で使用する（信濃教育出版社 2010a）。ここで使用する 5％過酸化水素水を作るには、メスシリンダーで市販の 30％過酸化水素水を 76ml はかり取る。それを水 300ml の入ったビーカーに加える。そして、それに水を加えて 500ml とする。最終的に、5％過酸化水素水が 500ml 調製できる（大日本図書教育研究室 2010）。

（5） 水酸化ナトリウム

最後に、水酸化ナトリウムである。

水酸化ナトリウムを調製する際には、次の点に注意する（角屋ら 2005；大日本図書教育研究室 2010）。

・安全めがね、薄いゴム手袋を着用し、ぬれぞうきんを準備する。
・作業を行う部屋を換気する。
・潮解性を示すので、触らない。

・水の中には少しずつ入れる。
・ガラスを溶かすのでポリエチレン容器にラベルを貼って保管する。
・水酸化ナトリウムは水に溶けるときに発熱するので、一度に溶かさずに、少しずつかき混ぜながら溶かす。
・水溶液は試験管の5分の1程度にする。
・実験が終わっても決して流しに捨てさせない。

　この薄い水酸化ナトリウム水溶液は、第6学年単元「水溶液のはたらき」では、リトマス紙を使って調べる実験として使用される（信濃教育出版社2010a）。このときに使用する0.2molの薄い水酸化ナトリウムを作るには、水酸化ナトリウム40gをプラスチックの薬さじではかり取って、水400mℓの入ったビーカーの中に少量ずつガラス棒でよくかき混ぜながら溶かす。それにさらに水を加えて全体を500mℓにする。そうすると、2molの薄い水酸化ナトリウム水溶液ができるので、この2molの薄い水酸化ナトリウム水溶液50mℓを水300mℓの入ったビーカーに少しずつ静かに加える。その中に、さらに水を加えて500mℓとする。最終的に、0.3molの薄い水酸化ナトリウム水溶液が500mℓ調製できる（大日本図書教育研究室2010）。

第5節　薬品の取扱い

（1）薬品を取り扱うときには

　薬品の取扱いに慣れている人にとっては至極普通のことなので、「そんなこと、当たり前でしょ」とか「あなた、そんなことも知らないの？」とか、言われるかもしれない。しかし、初めて理科の授業をする人や、理科の授業で薬品を扱わなければならなくなって初めて自分で薬品を取り扱う人にとっては、「へえ、そうなんだ」とか、「そこまでするの？」とか、ということが結構あるものである。以下に紹介する液体の薬品や固体の薬品の取り扱い方も、初めての人にとってはぜひ注意してほしいことである。

　液体の薬品を試験管やビーカーに入れるときは、次のことを厳守する（大日

本図書教育研究室 2010)。

- 薬品のびんは、たれた液でラベルがおかされないようにするために、ラベルを上にして、ラベルを手で隠すように持つ。
- 注ぐときは、試験管と薬品のびんをハの字の関係（アナログ時計の短針と長針が8時20分の位置関係）のようにして互いに斜めに傾け、薬品が試験管の内側の壁を静かにつたい落ちるように注ぐ。
- 薬品が入る様子や量が分かるように目の高さで行う。
- ビーカーに薬品をとる場合は、ガラス棒を使い、静かに伝わらせる。ガラス棒を使わないと、はねた液で手や衣服を傷つける場合があるためである。
- 余分に取り出した薬品は、決して元のびんに戻してはいけない。希釈する（薄める）か、他のものと分けて保管する。
- 児童・生徒に薬品（薄い塩酸など）を扱わせるときは、あらかじめビーカー等に取ったものを、スポイト等で移させるようにする（濃い塩酸は児童・生徒には扱わせないようにする）。

一方、固体の薬品を取り扱う場合には次の点に注意する必要がある（大日本図書教育研究室 2010)。

- 水酸化ナトリウム、二酸化マンガンなどの固形の薬品を取り出すときは、十分に洗浄した薬さじを使う。
- 2種類以上の薬品を、同じ時に取り出す必要があるときは、それぞれ薬品ごとに薬さじを用意する。
- 薬さじをびんの中には直接入れず、必要な分量を薬包紙に取る。
- 試験管やフラスコに入れる場合は、管の内側の壁に薬品が付着したり、管の底を破損したりしないように、容器を斜めにして、薬さじを深く入れるか、または壁に沿ってなめらかに滑らせて入れる。
- 容器等に取り出した薬品は、元のびんに戻してはいけない。

（2） 事故が起きたときには

　上記のように取り扱って、十分に気をつけていたとしても、万が一、事故が起きることもある。そのような場合には、どうしたらよいのであろうか。初めて理科の授業に臨んだときは、どうしてよいか分からなくなる。大学在学中にどんなに危険防止や安全教育に関する書籍を熟読していたとしても、いざその場に立ち会うとなかなか思うように対応できないものであることを認識しておくべきである。したがって、そのような万が一の時のために、常に理科の授業を構想した時点で、危険を予測し、自分でシミュレーションを欠かさず行うことを心がけることである。

　一番大切なことは、慌てず焦らずに、事故に直接かかわっている児童・生徒のことを考えることである。その上で、冷静に次のような処理をすることが望ましい（(大日本図書教育研究室 2010)）。

　誤って薬品に触れてしまったときには、どうしたらよいのだろうか。酸性の水溶液やアルカリ性の水溶液が皮膚についてしまった場合には、①十分に水で洗う、②中和剤の水溶液に手を付ける、③よく水洗いする、の処置をする必要がある。ここでいう中和剤とは、酸性の水溶液が手などの皮膚についてしまったときには重曹水を、アルカリ性の水溶液が手などの皮膚についてしまったときには薄い塩酸をいう。

　また、万が一、事故が起きてしまったときには、どうしたらよいのだろうか。①まず落ち着くことである、②適切な応急措置をする、③他の児童・生徒を落ち着かせる、④養護教諭に連絡し、みてもらう（必要に応じて医師の手当を受けさせる）、⑤速やかに校長・教頭に連絡する、⑥速やかに家庭に連絡する、の対応をする必要がある。もちろん、これ以外に必要な事後処理も忘れてはならない。

　たとえば、薬品が眼に入った場合は、流水で洗眼をした後、直ちに養護教諭に連絡をして医師の手当を受けさせる。火傷をしたときは、直ちに患部を冷水で冷やし、養護教諭に連絡をして早急に専門の病院へ行かせる。怪我をした場合には、理科準備室に備えてある救急箱の中の医療品を使って応急処置をし、養護教諭に連絡をして医師の手当を受けさせる。

初めて理科の授業でこのような事故に立ち会ったときには、「①まず落ち着くことである」と言われても、何をどれだけどうやったらよいのか、慌ててしまって戸惑ってしまう。それはやむを得ない、当然のことである。したがって、理科の授業以外の比較的余裕のあるときに、常に、理科室内での観察、実験中に、児童・生徒がやけどをしてしまったら、切り傷が生じたら、打撲をしてしまったら、酸性やアルカリ性の水溶液が飛び散ってしまったら、目に異物が入ったら、などを想定して、そのようなときにはどのように立ち振る舞ったらよいのか、つまり当該の児童・生徒に対してどのように指導し、他の児童・生徒に対してどのような指導をしたらよいのか、を考えておくとよい。

野外での観察の時も同様である。下見をしたときに、自分でいろいろな事故場面を想定してどのような指導をしたらよいのかを考えておくとよい。可能ならば、同行してくれる先輩の教師に尋ねるのがよりよいことである。

第6節　薬品の処分方法

理科の授業で使い終わった水溶液はどのようにして処分するのだろうか？

初めて理科の授業をする人や、久しぶりに小学校第6学年の学級担任をして何年ぶりかに授業で扱った水溶液を処分することになった人にはなかなか難しいことかもしれない。おそらく、小学校の第6学年の学級担任を何回か経験している先生でも「そこまでしていませんでした」という人がいるのではないであろうか。

ここでは、本書で取り上げた①ヨウ素液、②石灰水、③薄い塩酸、④薄い過酸化水素水、⑤薄い水酸化ナトリウム水溶液について、その処理の仕方（角屋ら2005）を記すので、ぜひ、常時、処理できるようになってほしい。

なお、上記以外でも、特に、中学校においては重金属イオンを含む廃液は放流することを禁じられているので、そのまま廃棄することはせず容器に集めて、長期休業中の時にでも専門の業者に処理を依頼する。また、有毒な薬品やこれらを含む廃棄物の処理は、大気汚染防止法、水質汚濁防止法、海洋汚染防

止法、廃棄物の処理及び清掃に関する法律など、環境保全関係の法律に従って処理する（文部科学省 2008d）。

（1）ヨウ素液

ヨウ素液は、でんぷんにつけたものは燃えるごみ（燃やすごみ）として処分する。

（2）石灰水

石灰水は、多量の水で希釈してから廃棄する。消石灰を捨てなければならなくなった場合には、不燃ごみとして処分する。

（3）塩酸

薄い塩酸を捨てるときは、「水道をいっぱい出しながら流しに流していいよ」などと指示して流しにそのまま捨てさせるようなことは決してせず、酸性廃液用のポリタンクを用意してそれにためておく。後で、水酸化ナトリウムや石灰水などのアルカリ性の水溶液の廃液と混合させて、pH6〜8になるように中和させてから多量の水で薄めて廃棄する。

（4）過酸化水素水

薄い過酸化水素水は、多量の水で薄めて廃棄する。

（5）水酸化ナトリウム

薄い水酸化ナトリウム水溶液を捨てるときは、薄い塩酸を捨てるときと同じように「水道をいっぱい出しながら流しに流していいよ」などと指示して流しにそのまま捨てさせるようなことは決してせず、アルカリ性廃液用のポリタンクを用意してそれにためておく。あとで、薄い塩酸などの酸性の水溶液の廃液と混合して、pH6〜8になるように中和させてから多量の水で薄めて廃棄する。

第7節　子どもたちへの安全指導

　初めて理科の授業をするに当たって、児童・生徒に対して、理科の授業中の危険を未然に防止し、理科の観察、実験を安全に行うことができるようにするには、どのような指導をしたらよいのだろうか？　大切なことは、「○○が危険だから、気をつけましょう」とか「安全に実験しましょう」と頭ごなしに注意したり強く指導したりするよりも、児童・生徒自身に危険なところを気付かせたり安全に観察、実験するにはどうしたらよいのかということを見つけさせたりすることである。

　4月から新採用教員として学校に着任する学部の理科を専門として学んできた4年次生に対して、「着任して最初の理科の時間（単位時間）には、どんな授業をするの？」と尋ねたことがある。その誠実な学生からは、「最初ですか？そうですね。やはり春なので、学校の周りの植物を観察に出かけるでしょうか」という回答が返ってきた。立派な回答である。理科を専門とする者として、春の季節を利用して、学校周辺の身近なところから自然の事物・現象の観察を始めようとする意図は十分に伝わってきて、好例といえる。桜の花の観察などは、地域によって異なるが、2〜3日ずれるだけで観察できなくなってしまうことも稀ではないので、良い構想であるといえる。

　しかし、少し考えてほしい。これから1年間一緒に理科を勉強していくのであるから、やはり最初に児童・生徒に伝えたいことがあるし、指導しておきたいこともある。それが、安全教育である。

　着任して最初の理科の授業であるだけに、理科室の中がどのようになっているのか、どのような危険があってその危険を避けるためにはどのようなことに心がける必要があるのであろうか、を児童・生徒自身に考えさせながら、危険を未然に防止し、安全に自然の事物・現象について探究していくことができるような授業をすることも魅力的なのではないであろうか。

　筆者は、これまで、担当した学級で最初の理科の授業で後述するような2単位時間を取って、理科の授業中に危険を未然に防止するにはどうしたらよい

か、安全に観察、実験を行うにはどのようにしたらよいかということを児童・生徒に考えてもらう授業を実践してきた。それに加えて、ぜひ、最初の理科の授業で、なぜ理科を学ぶのか、これからの1年間でどのような内容を学ぶのか、それがどのように生活とかかわっているのか、について話してほしいと考える。

この4月の最初の2単位時間は、通常、小学校でも中学校でも、教科書会社が提供している年間指導計画には掲載されていない。あなたが初めて理科の授業をすることになったときに、着任した小学校ないしは中学校の理科の年間指導計画を見せてもらっても、おそらく計画されていないことではないかと考えられる。そこで、あなたにはぜひ危険を防止し、安全に観察、実験するための指導に関する2単位時間を、年間指導計画の最初に位置づけて取り組んでほしいと願うものである。

（1）理科室探検

1つの試みが、理科室探検の活動である。

図8-13は、北海道小学校理科研究会（2003）によって、小学校第3学年の児童向けに作られた理科の授業の時に使う理科室探検隊のワークシートの一例である。授業の最初に1人1枚ずつ配っておいて、自由に理科室内を探検させながら（理科準備室の中まで探検させる必要はない）、理科室のどこに何があるのかを自分で見つけたり友達と一緒に見つけ合ったりしながら、右のカードを切り取って見つけた場所に貼り付けていくことができるように作られている。

そのような活動と合わせて、理科室のどこにどのような危険なことが潜んでいるのかをみんなで見つけ合って、その危険なことを避けるためにはどのようにしたらよいのかをもみんなで相談し合いながら、危険を防止し、安全に観察、実験するにはどのようにしたらよいのかを児童に考えさせることができる。

この理科室探検隊のワークシートを利用した授業の構想は、小学校第3学年から中学校第3学年まで、どの学年の理科の授業でも構想、実践が可能であ

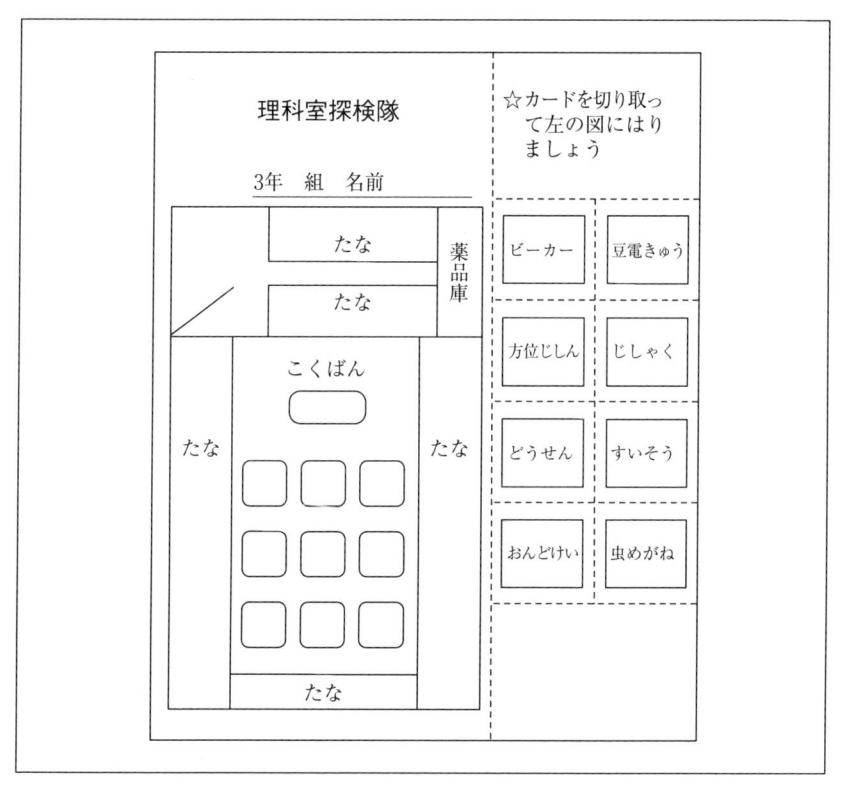

第8章 事故防止・安全教育・薬品管理のしかた　169

図8-13　小学校第3学年の理科の授業で活用する理科室探検隊のワークシート
（北海道小学校理科研究会2003を一部改変）

る。筆者は中学校第1学年、第2学年、第3学年の4月の最初の理科の授業で毎年実践していた。生徒には「先生、またですか？」と言われるかもしれないが、それだけ、理科の授業中に危険を未然に防止し、安全に観察、実験を行うことは理科の授業において重要なのであると認識することが必要である。

　実践するに当たっては、あなたが着任した学校の理科室の図面をワークシートに書いて、それを印刷して配ることができるように準備するのである。理科の授業が始まったら、一定の時間を保証して、児童・生徒に自由に理科室内を探検させながら、観察、実験器具を危険箇所を探究させるのである。

(2) 危険図 (Hazards Drawing)

　もう1つの試みが、危険図 (Hazards Drawing) を使用した活動である。

　児童・生徒に対して、ある危険な場面を表した絵を提示し、既有の知識、理解、技能などを駆使して危険な箇所を見つけさせたり、なぜそれらが危険なのかを考えさせたり、そしてその危険を避けるためにはどうしたらよいのか、を考えさせる活動を取り入れることは、理科の授業中の危険を未然に防止し、安全に観察、実験を行う上で有効である（文部省1993）。このような危険な場面を表した絵を危険図 (Hazards Drawing) と呼ぶ。図8-14は、その一例である。

　この危険図 (Hazards Drawing) は、中村 (1980, 1992) が加熱実験用のHazards Drawingを自作し、理科の授業における安全指導に利用したものである。水溶液の加熱実験を行う前に自作Hazards DrawingをOHPで提示し、「この図の中でどのような危険な状況または望ましくない状況があるか」を尋ねて、それを発表し合う中で、あるべき姿を知り、合わせて実験中に危険な行動や態度を察知できる能力を養うことをねらっている。

　この実践によって、観察、実験中に、各自が安全に配慮している様子が見られたり危険な行為を互いに注意し合う場面が見られるようになったりする

図8-14　実験に関する危険図の例
（文部省1993, 106から引用）

など、授業や参加態度の改善に有効に機能させることができると報告されている。

　さて、あなたは、この絵の中から、危険な箇所をいくつ見つけることができるであろうか。なぜ、それが危険なのかを説明できるであろうか。また、その危険を避けるためにはどのようにしたらよいのかをみんなに納得してもらえるように説明できるであろうか。まず、あなたがやってみよう。

（3）最初の理科の授業に

　図8-15は、年間指導計画の最初のところで、その学年で初めて理科の授業を行うときに、理科室探検と危険図を使った安全指導を行う2単位時間の評価規準を示したものである（三崎2003）。小単元「危険防止と安全指導」と題して、4月の最初の理科の授業を2単位時間使って、授業を行う計画である。

　1単位時間目は、理科室を自由に探検させながら、ワークシートに見つけてきたことを記入させ、発表させながら共通理解を図るものである。2単位時間目は先に示した危険図を使って、理科の観察、実験の時にはどのような危険が予知できて、それを避けるためにはどのようにしたらよいのかを児童・生徒自身に考えさせながら知識、理解の定着を図るものである。

　この実践は、小学校でも中学校でもできるものである。初めて着任した学校で、ぜひ、取り組んでみてはいかがであろうか。

	関心・意欲・態度	科学的な思考	技能・表現	知識・理解
理科室探検に出かけよう [1時間]	・理科室内の施設・設備並びに観察、実験器具について意欲的に調べようとする。(行動観察、プリント)	・理科室内において、安全な観察、実験を行うにはどのようなことに心掛けたらよいかを考えることができる。(プリント)	・理科室内の施設・設備並びに観察、実験器具を調べ、理科室探検マップを作ることができる。(行動観察、理科室探検マップ、プリント)	・理科室探検の目的を理解し、理科室内の施設・設備並びに観察、実験器具の安全な使用について正しく理解することができる。(発表、理科室探検マップ、プリント)
危険がいっぱい？ [1時間]	・理科室内での安全な行動について関心をもち、安全な観察、実験のための行動や態度を示そうとする。(発表、プリント)	・危険図（Hazards drawing）に見られる危険な状況や望ましくない状況が、なぜ危険な状況にあるのかあるいはなぜ望ましくない状況にあるのかについて、施設・設備及び観察、実験器具の特性、取り扱う薬品等の特性から考えることができる。(発表、プリント)	・危険図（Hazards drawing）の中から、危険な状況や望ましくない状況を発見することができる。(発表、プリント)	・理科室内での観察、実験の危険な状況や望ましくない状況を理解することができる。(発表、プリント)

図8-15 理科室探検マップ作りと危険図（Hazards Drawing）を活用した安全指導の一例
(三崎2003から一部引用)

文　　献

大日本図書：小学校授業資料年間指導計画・観点別評価規準（平成 23 〜 26 年度用）理科, http://www.dainippon-tosho.co.jp/archive/j_school/, 2010a（2011.3.10）.

大日本図書教育研究室：小学校理科観察・実験セーフティマニュアル改訂版, 159p, 大日本図書, 2010.

土居慎也：理科学習指導案, 平成 16 年度北海道教育大学附属学校園共同教育研究会大会要項, 33-41, 2004.

学校図書：小学校理科平成 23 年小学校理科年間指導計画作成資料, http://www.gakuto.co.jp/junrika/down.html, 2010a（2011.3.10）.

北海道小学校理科研究会：理科［授業］追究―データを生かした 21 世紀型授業へのトライ―, 20, 2003.

降旗勝信：探究学習, 日本理科教育学会編「現代理科教育大系 3」所収, 36-74, 東洋館出版社, 1978.

角屋重樹・林四郎・石井雅幸：小学校理科の学ばせ方・教え方事典, 407p, 教育出版, 2005.

啓林館：小学校平成 23 年度啓林館教科書カリキュラム作成資料, http://www.shinko-keirin.co.jp/new_karikyuramu/data_shou.html#tableRika, 2011（2011.3.10）.

教育出版：小学校理科平成 23 年度版　年間指導計画・評価計画案, http://www.kyoiku-shuppan.co.jp/view.rbz?cd=2015, 2010a（2011.3.10）.

小島宏：「評価規準」と「評価基準」, 佐野金吾・小島宏編「新しい評価の実際 1　生きる力を育てる評価」所収, 147-148, ぎょうせい, 2001.

栗田一良：現代理科学習論の概観, 日本理科教育学会編「現代理科教育大系 3」所収, 3-35, 東洋館出版社, 1978.

湊昭雄：プロセス・アプローチ, 日本理科教育学会編「現代理科教育大系 3」所収, 142-190, 東洋館出版社, 1978.

三崎隆：理科室探検マップ作りと危険図（Hazards Drawing）を活用した安全指導, CD-ROM 版 ACIES 中学校理科教育実践講座実践編, ニチブン, 2003.

三崎隆：『学び合い』入門―これで, 分からない子が誰もいなくなる！―, 186p, 大学教育出版, 2010.

文部科学省：小学校学習指導要領平成 20 年 3 月告示, 237p, 東京書籍, 2008a.

文部科学省：小学校学習指導要領解説理科編平成 20 年 8 月, 105p, 大日本図書, 2008b.

文部科学省：中学校学習指導要領平成 20 年 3 月告示, 237p, 東山書房, 2008c.

文部科学省：中学校学習指導要領解説理科編平成 20 年 9 月, 149p, 大日本図書, 2008d.

文部科学省：小学校，中学校，高等学校及び特別支援学校等における児童生徒の学習評価及び指導要録の改善等について（通知），http://www.mext.go.jp/b_menu/hakusho/nc/1292898.htm, 2010a（2011.3.21）.

文部科学省：【別紙5】各教科等・各学年等の評価の観点等及びその趣旨（小学校及び特別支援学校小学部並びに中学校及び特別支援学校中学部），http://www.mext.go.jp/component/b_menu/nc/__icsFiles/afieldfile/2010/05/13/1292899_1.pdf, 2010b（2011.3.21）.

文部省：中学校学習指導要領第4節理科，http://www.nicer.go.jp/guideline/old/h01j/chap2-4.htm, 1989（2011.3.7）.

文部省：中学校理科指導資料「理科における学習指導と評価の工夫・改善」，107p，大日本図書，1993.

文部省：中学校学習指導要領第4節理科，http://www.nicer.go.jp/guideline/old/h10j/chap2-4.htm, 1998（2011.3.7）.

森一夫：現代理科学習論，139p，明治図書，1982.

村山哲哉：理科の授業論—理科の授業改善を目指して—，理科の教育，54（8），58-61, 2005.

長野県教育委員会：長野県小学校教育課程学習指導手引書理科編，215p，しんきょうネット，2010a.

長野県教育委員会：長野県中学校教育課程学習指導手引書理科編，191p，しんきょうネット，2010b.

中村重太：自作hazards drawingによる児童・生徒の加熱実験操作に関する安全意識調査—安全教育実践への一つの試み—，日本理科教育学会研究紀要，20（2），39-47, 1980.

中村重太：理科指導と安全教育，理科の教育，474, 8-11, 1992.

新潟県学校薬剤師会・新潟県学校保健会：学校における薬品管理の手引き—三訂版—（新潟県教育委員会監修），133p, 1993.

西川純：なぜ，理科は難しいと言われるのか？，127p，東洋館出版社，1999.

額賀敏行・貫井正納：中学校生徒の観察・実験に対する態度について，千葉大学教育学部研究紀要I教育科学編，45, 61-72, 1997.

貫井正納・平野一彦：探究能力，「これからの理科教育」所収，70-75，東洋館出版社，1998.

R. ドラン・F. チャン・P. タミル・C. レンハード：理科の先生のための新しい評価方法入門（古屋光一監訳），282p，北大路書房，2007.

信濃教育出版社：年間指導計画，http://www.shinkyo-pub.or.jp/H23_sinkyoukasho/nenkansidoukeikaku.pdf, 2010a（2011.3.10）.

信濃教育出版社：単元配列表，http://www.shinkyo-pub.or.jp/H23_sinkyoukasho/tangenhairetu.pdf, 2010b（2011.3.10）.

丹沢哲郎：学習指導，小学校理科授業のすすめ方，八田明夫・丹沢哲郎・土田理・田口哲著「理科教育学」所収，48-53，東京教学社，2004.

東京書籍：平成23年度版小学校理科「新しい理科」指導計画作成資料，http://ten.tokyo-shoseki.co.jp/text/shou/keikaku/rika.html, 2010a（2011.3.10）.

東京書籍：中学校移行措置資料理科，http://ten.tokyo-shoseki.co.jp/downloadfr1/htm/jry70923.htm, 2010b（2011.3.10）.

土田理：児童の理解の仕方，八田明夫・丹沢哲郎・土田理・田口哲著「理科教育学」所収，43-48，東京教学社，2004.

Wynne Harlen: *Teaching and Learning Primary Science*, 2nd ed., Paul Chapman Publishing Ltd., London, 1993.

■著者紹介

三崎　隆（みさき　たかし）

1958年生まれ。
信州大学教育学部教授。博士（学校教育学）。
専門は理科教育、臨床教科教育。
2000年に日本理科教育学会理科教育研究奨励賞を受賞。
　中学校教諭、教頭、指導主事、北海道教育大学釧路校准教授を経て現職。
　子どもたちの自然認識の実証研究から、分からない子が誰もいなくなる『学び合い』の考え方による授業実践を推し進める。著書には、『「学び合い」入門』（単著）、『CD-ROM版 ACIES中学校理科教育実践講座実践編』（共著）、他多数。

はじめての人のための理科の授業づくり
── 学習問題から学習課題へ ──

2011年10月20日　初版第1刷発行
2015年 4月10日　初版第2刷発行

■著　者 ── 三崎　隆
■発行者 ── 佐藤　守
■発行所 ── 株式会社 大学教育出版
　　　　　　〒700-0953　岡山市南区西市855-4
　　　　　　電話（086）244-1268　FAX（086）246-0294
■印刷製本 ── モリモト印刷㈱

© Takashi Misaki 2011, Printed in Japan
検印省略　落丁・乱丁本はお取り替えいたします。
本書のコピー・スキャン・デジタル化等の無断複製は著作権法上での例外を除き禁じられています。本書を代行業者等の第三者に依頼してスキャンやデジタル化することは、たとえ個人や家庭内での利用でも著作権法違反です。
ISBN978-4-86429-089-0

・好・評・発・売・中・

はじめての人のための理科の授業づくり
── 学習問題から学習課題へ ──

三崎　隆 著　　　A5判　190頁　定価：本体 **2,200** 円＋税
ISBN978-4-86429-089-0

自然の事物や現象を科学的に見て、その不思議さを解明する魅力ある理科の授業を、初めて構想し、実践するにあたって、小・中学校における実践事例を紹介する。はじめて理科の授業づくりにのぞむ人のための入門書。

●主要目次　　　　　　　　　（2011年10月発行）
理科の授業の展開／学習問題と学習課題とは／授業づくりで最初に行うこと／指導計画をつくる／授業の構想のしかた／小学校の授業での学習問題と学習課題／中学校の授業での学習問題と学習課題／事故防止・安全教育・薬品管理のしかた

『学び合い』入門
── これで，分からない子が誰もいなくなる！──

三崎　隆 著　　　A5判　186頁　定価：本体 **2,000** 円＋税
ISBN978-4-88730-952-4

認知心理学の研究成果に基づいた児童・生徒の授業における理解の実態と「学び合い」の考え方による授業理論を展開する。また、実際の授業の進め方については事例研究による解説も加え、彼らの変容過程を紹介する。

●主要目次　　　　　　　　　（2010年1月発行）
分からない子が誰もいなくなる授業を実現しようとするときに考えること／『学び合い』とは何か／学習指導案（略案）を作るポイント／目標を設定する／『学び合い』の考え方による授業を始める前にすること／授業者は子どもたちの学ぶ環境を整える　他